विचारों से हम

The Power Of Thoughts

Ranjana Rahjaha

BlueRose ONE.com
Stories Matter
NewDelhi • London

BLUEROSE PUBLISHERS
India | U.K.

Copyright © Ranjana Rahjaha 2023

All rights reserved by author. No part of this publication may be reproduced, stored in a retrieval system or transmitted in any form or by any means, electronic, mechanical, photocopying, recording or otherwise, without the prior permission of the author. Although every precaution has been taken to verify the accuracy of the information contained herein, the publisher assumes no responsibility for any errors or omissions. No liability is assumed for damages that may result from the use of information contained within.

BlueRose Publishers takes no responsibility for any damages, losses, or liabilities that may arise from the use or misuse of the information, products, or services provided in this publication.

For permissions requests or inquiries regarding this publication, please contact:

BLUEROSE PUBLISHERS
www.BlueRoseONE.com
info@bluerosepublishers.com
+91 8882 898 898
+4407342408967

ISBN: 978-93-5819-959-8

Cover design: Shivam
Typesetting: Namrata Saini

First Edition: November 2023

परिचय

मैं रंजना राहजाहा पेशे से एक शिक्षिका हूँ। मुझे हमेशा से लगता था मैं कुछ ऐसा करूँ जिस से लोगों को कुछ ऐसा दे सकूँ जिससे उनकी परेशानियों में, संकट में मदद हो सके। कई बार जीवन में हम ऐसी चुनौतियों का सामना कर रहे होते है कि उस समय एक छोटी-सी मदद भी आशा की किरण बन जाती। हम चाहते तो है कि हमें वह मदद, वह रास्ता मिले जिस पर चल हम उन चुनौतियों, परेशानियों से निकल सके और हमारी आगे कि राहें सरल हो सके।

परन्तु उस वक्त हमारी मनोस्थिति ऐसी नहीं होती कि हम आसानी से किसी से अपनी भावनाओं और परेशानियों को व्यक्त कर पायें।

अन्दर-अन्दर इतनी घुटन हो रही होती है कि उस पीड़ा की अभिव्यक्ति शब्दों में शायद ही की जा सकती है। समाज के सामने तो व्यक्ति खुश होने का दिखावा कर रहा होता है परन्तु उसी समय अन्दर ही अन्दर वह टूट रहा होता है।

मैं यह पुस्तक इसी उद्देश्य से लिख रही हूँ की तब आप और जो भी इसे पढे उसे कभी भी हताश हो कर कुछ गलत निर्णय ना लेने पड़े और आपकी मदद के लिये आपको संकट से निकालने के लिये कोई ना भी हो तो भी यह पुस्तक उस समय आपके लिये मददगार साबित होगी।

मेरा विश्वास है यह पुस्तक जिस दिन आप पढ़ कर खत्म कर लोगे उसी दिन से आपके जीवन में सकरात्मक बदलाव तो आयेंगे ही उसके साथ-साथ आपका जीवन खूबसूरती से भर जायेगा।

इस पुस्तक के माध्यम से मैं आपके साथ वह सब साझा करने जा रही हूँ। जो मैंने अभी तक सीखा और जाना तथा अपने जीवन में भी अपनाये अगर मुझे

इन सब से फायदा हुआ है तब तो यह मेरा कर्तव्य बन जाता है इंसान होने के नाते कि यह सब मैं सिर्फ अपने तक सीमित न रखूँ बल्कि यह सब जानकारी मैं पूरी दुनिया को दूँ। ताकि इस दुनिया में रहने वाले हर व्यक्ति की परेशानियाँ या समस्यायें कुछ कम हो पायें और जीवन में उनके खुशियाँ कुछ ज्यादा बढ़ पायें।

इस पुस्तक में आप विचारों के महत्त्व, उनके प्रभाव, शब्दों के जादू के विषय में तो जानेंगे कि यह किस प्रकार जीवन को संकट में डाल सकते है और किस प्रकार विचारों, शब्दों, भावनाओं का यही जादू जीवन को खुशहाल भी बना सकता है। इसके साथ में कई तकनीकों से भी आपको अवगत करवाऊँगी जो आपके जीवन में चमत्कारी परिवर्तन लायेंगे।

मेरी बतायी बातों पर अमल करेंगे तो आप खुद देखेंगे जीवन में अच्छा बदलाव आने के साथ जिंदगी और बेहतर होने लगी है। इसके साथ ही कहीं न कहीं आप मानसिक संतुष्टी की अनुभूति भी करेंगे। आप व्यक्तिगत रूप से खुद को सकारात्मक रूप से भीतर से बदलता पायेंगे।

आभार

सर्वप्रथम इस पुस्तक के माध्यम से प्रथम आभार मैं अपने पिता जी (श्री अच्छे जाल जी) को देना चाहती हूँ। २/३/२०२१ को वह हमारे बीच ना रहे, परंतु उनकी मधुर यादें, उनकी दी हुई शिक्षा सदा ही हमारे साथ रहेंगी।

यहाँ एक बात बताना आवश्यक समझती हूँ अपने पाठकों को कि उनके जाने के बाद 'स्वप्न' के माध्यम से मैंने देखा वह कुछ किताबें उपहार स्वरूप दे रहे है। शायद वह मुझे पुस्तक लिखने और लोगों की मदद करने के लिए लिये प्रेरित कर रहे थे। इस स्वप्न का अर्थ समझ आते ही मैंने इस कार्य को पिता जी और ब्रह्माडं की इच्छा और संकेत समझ पुस्तक लिखने कार्य में लग गई थी।

मैं अपनी जननी श्रीमती विद्या देवी जी का आभार व्यक्त करती हूँ। वह ऐसी स्त्री है मेरे जीवन की जिन्होंने निःस्वार्थ प्रेम से अपने मेरे जीवन को खुशहाल बनाया है।

मेरे बड़े भाई डा. राजीव रत्न जी का आभार व्यक्त करना चाहूँगी, जो हमेशा मेरे साथ खड़े मिले जब भी मुझे उनकी आवश्यकता महसूस हुई उन्होंने उत्तम से उत्तम सलह दे हमेशा मेरा मार्गदर्शन किया।

मेरी बडी बहन सुनीता जी का आभार व्यक्त करना चाहूँगी। वह मेरे लिए एक बहन से कही ज्यादा मित्र रही है। जिन्होंने हर परिस्थिति में मेरा सहयोग किया और हमेशा मेरे लिए मददगार रूप में उपलब्ध रही है।

मेरी भाभी श्रीमती सुमन रत्न जी, मेरी दोनों भतीजिया क्रमश: दिव्यांशी एवम् शिव्यांशी, मेरा भतीजा साईराज का आभार व्यक्त करना चाहूँगी। जब भी किसी भी मदद की आवश्यकता हुई आप लोगों ने हर सम्भव सहायता की है। मैं आप

सभी का आभार व्यक्त करना चाहती हूँ क्योंकि किसी एक भी सदस्य के महत्त्व को कम नहीं आंका जा सकता। आप सभी का हृदय से आभार।

अब मैं उन सभी अपने गुरुओं का सम्पूर्ण हृदय से आभार व्यक्त करना चाहती हूँ जिन्होंने मेरे जीवन में महत्त्वपूर्ण योगदान दिया | क्रमश: मिथेश खतरी सर, स्नेह देसाई सर, भूपेन्द्र सिंह राठौर सर, राम वर्मा सर। इनमें से कुछ की पुस्तकें पढी मैंने , कुछ की क्लासेज ली मैंने , आप सब के निर्देशों, शिक्षाओं से लाभ उठा कर अपने जीवन की कठिनात्मक परिस्थितियों को सरल बनाने के साथ-साथ मैंने आप से सीखा कैसे बेहतर इंसान बना जाता है। आप सभी का

आभार! आभार! आभार!

मैं अपने पब्लिशर को धन्यवाद व्यक्त करना चाहती हूँ आप ने मेरे विचारों को मूर्त रूप देने में मेरी सहायता की तभी आज मैं अपने सारे विचारों को इस पुस्तक के माध्यम से दुनिया के समक्ष रख पा रही हूँ। और अपने हिस्से की एक छोटी मदद लोगों के लिए इस पुस्तक के माध्यम से कर पा रही हूँ।

आप सभी का बहुत-बहुत आभार।

आभार! आभार! आभार!

अनुक्रमणिका

1. विचार कितने असरदार और शब्दों को महत्व....................... 1
2. विचारों से कैसे बदल गया जीवन................................ 7
3. चेतन-अवचेतन मस्तिष्क और मनचाही घटनाओं का सृजन........... 12
4. ब्रह्मांड के संकेत.. 17
5. हमारी भावनाओं का जीवन और शरीर पर प्रभाव..................... 21
6. अफर्मेशन (Affirmation)..................................... 25
7. कृतज्ञता (Gratitude)... 28
8. स्क्रिप्टिंग (Scripting)... 32
9. ध्यान (Meditation).. 37
10. विजुअलाइजेशन तकनीक (Visualization Technique).......... 41
11. खुश रहना और खुद से प्यार करना (Be Happy & Self love)....... 44
12. Cancel - Cancel OR Cut - Cut............................. 47
13. दर्पण विधि (Mirror Technique).............................. 49
14. (HO'OPONOPONO PRAYER (हो पोनो पोनो जादुई प्रार्थना)... 52
15. क्यों कुछ लोगों के लिए में मनिफेस्टेशन (Manifestation) काम नहीं करता 54
16. लेखिका के विषय में... 57

1. विचार कितने असरदार और शब्दों को महत्व

हम जैसा सोचते है, वैसा ही बोलते है। हमारे शब्द हमारी सोच को अभिव्यक्त करने का माध्यम है।

अधिकतर हम सब ने ही यह जरूर सुना होगा जब दो लोग लड़ाई कर रहे हो और एक दूसरे को कुछ गलत बोल रहे हो, कि अच्छा इसका मतलब तुम मेरे बारे में यही सब सोच रखते हो।

यह एक छोटा-सा उदाहरण मात्र है, यह बताने के लिए की जो हम यह सोचते है वही हमारे मुँह से भी निकलता है, शब्दों के माध्यम से। अब मैं आपको बताने जा रही हूँ कि शब्द यही शब्द जो कि हमारी सोच का परिणाम है कितने शक्तिशाली है।

उदाहरण- 1

एक महिला थी जिसे हमेशा बीमारी की शंका रहती। जब भी वह किसी के द्वारा यह सुन लेती कि वह व्यक्ति किसी बीमारी से पीड़ित है | उस महिला को यही लगता कि उसमें वही सब लक्षण दिख रहे है। वह महिला सच में बीमार ना होते हुए भी अब बीमारी का अनुभव करती और दिन भर बिस्तर पर बीमारों-सी पड़ी रहती। इस महिला ने अपने विचारों से उस बीमारी को सोच-सोच खुद को बीमार कर लिया था।

महिला का पति शंका की बीमारी से अपनी पत्नी की परिचित और परेशान दोनों था। विवश हो उसे डॉक्टरों के पास महिला को लेकर जाना ही पड़ता हर बार।

महिला के पति के एक मित्र ने उसे इसका एक उपाय सुझाया और उसके तहत वह व्यक्ति अपनी पत्नी को परिचित के उस अपने मित्र के डॉक्टर दोस्त के पास ले गया।

डॉक्टर मित्र जो होमियोपैथी का जाना-माना डॉक्टर था। उसने महिला को खाने के लिए होमियोपैथी कि मीठी-मीठी गोलियाँ दी और कहा "अच्छा हुआ आप समय से आ गई अब आप बहुत जल्दी ठीक हो जायेंगी और कभी जल्दी बीमार भी ना होगी, मैं ऐसी दवा दे रहा हूँ। पन्द्रह दिन बस सुबह-शाम पाँच-पाँच गोलियाँ खानी है खाना खाने के उपरान्त, शीघ्र पूर्णत: स्वस्थ हो जायेगी।"

महिला मात्र पाँच दिनों में पूर्णतः स्वस्थ हो गई और घर के सारे काम भी खुद से अब करने लगी।

आपको क्या लगा कि महिला दवा से ठीक हुई थी?

डॉक्टर ने तो उन गोलियों में कोई दवा मिलाई ही नहीं थी। वह तो डॉक्टर के शब्दों से और अपने विचारों से की मैं अब ठीक हो जाऊँगी। अपनी इसी सोच से, विचारों से और डॉक्टर के जादूई शब्दों से स्वस्थ हुई थी यह है विचारों और शब्दों का जादू।

जब भी आप किसी को बार-बार बीमार बोलते हो। बोलते हो की आप बीमार लग रहे है वह व्यक्ति बार-बार यह शब्द सुनना ना चाहते हुये भी खुद को बीमार महसूस करने लगते हैं और शरीर बीमार जैसा रिएक्ट भी करने लगता है यानी बीमारी लक्षण दिखने लगते हैं।

क्योंकि मस्तिष्क पर सुने गये शब्दों का असर होता है और जो हमारे विचारों को भी प्रभावित करते है।

तभी ना कभी खुद के लिए, ना ही दूसरों के लिए गलत शब्दों का प्रयोग करें।शब्दों का चुनाव बहुत सोच समझकर कर करें। क्योंकि वही बोले गए शब्द हमारी असलियत बन जाते है।

मैंने बहुत से लोगों को कहते सुना है-

- मेरी तो किस्मत ही खराब है।
- मेरे साथ ही हर बार बुरा क्यों होता है।
- मेरा जीवन तो बर्बाद है।

हमें इस तरह के शब्दों का चुनाव कभी भी खुद के लिए नहीं करना चाहिये। इसे Self negative talk (सेल्फ निगेटिव टॉक) कहा जाता है।

पहले मैं भी खुद के लिए इसी तरह कि Self Negative talk किया करती थी और अन्जाने में ही खुद को संकट में डाल देती थी परन्तु जब से मैंने शब्दों के महत्त्व को जाना उसकी ऊर्जा को जाना। तब से Self Negative talk करना बन्द कर दिया और मैंने मेरे जीवन में इससे कई छोटे-बड़े परिवर्तन देखे।

शब्दों में ऊर्जा (Energy) होती है, जो हवा के माध्यम से कंपन (vibrate) करते है। यह शब्द गति करते हुऐ हवा के माध्यम से व्यक्ति तक पहुँच जाते है और उस व्यक्ति को इसका आभास भी होता है।

जो हम सोचते है, महसूस करते है, बोलते है वही सब चीज हम आकर्षित (Attract) करते भी है अत: शब्दों का चुनाव सजगता से करें।

जीवन को हम सभी सकारात्मक रूप से बदलना चाहते है और यह बदलाव संभव होगा विचारों और शब्दों पर अपने काम करने से, उन्हें सकारात्मक बनाने से।

लगातार आप जो बोलते है वह आप तक भी आता है। मान लीजिये आप अगर लगातार किसी बीमारी के बारे में बात करते है, तो आप बीमारी को आकर्षित कर रहे होते है। अगर आप सफलता कि बात करेंगे, आप सफलता को आकर्षित करेंगे। जब हम चिंता करते है किसी बात को लेकर तब हम उस चिंता के कारण को आकर्षित करते है। इसका कारण पता है क्या है? तब हमारे शब्द डर की ऊर्जा से भरे होते है और वही ऊर्जा हवा में फैलती है और हम तक वापिस आ जाती है।

हमारा मस्तिष्क ऐसे निर्मित है कि वह नकारात्मक पर जल्दी प्रतिक्रिया देता है जबकि सकारात्मक शब्दों पर उतनी गहराई से प्रतिक्रिया नहीं देता। इसका कारण है, वह सकारात्मक शब्दों से अपने अस्तित्व पर खतरा महसूस नहीं करता।

हमें लगातार सकारात्मक विचारों के साथ सकारात्मक शब्दों को लगातार बोलने की आदत बनानी चाहिए। इस आदत से वही सब कुछ धीरे-धीरे भविष्य का हमारा सच बन जाता है।

उदाहरण: 2

Dr. Masaru Emoto's ने पानी के साथ शब्दों का प्रयोग किया, यह देखने के लिए कि क्या वाकई में शब्दों में ऊर्जा (Energy) होती है। उन्होंने पानी की कुछ बोतलें ली और सभी पर कुछ शब्द लिखकर चिपका दिये, कुछ पर नकारात्मक शब्द चिपकायें कुछ पर सकारात्मक शब्द चिपकायें गयें। फिर उन बोतलों को उठाया गया और चिपकाये गये लेबल का उच्चारण किया और

उससे फ्रीजर में रख दिया गया। अगले दिन सुबह जब उन बोतलों को देखा गया तो पाया जिन पर सकारात्मक शब्दों का लेबल था जैसे- प्रेम, दया ,आत्मसम्मान ,जीत आदि उस पानी की सरंचना बहुत खूबसूरत हुई थी। सुंदर पानी की आकृतियाँ बनी थी जबकि जिन बोतलों में नकारात्मक शब्दों का लेबल चिपकाया गया था जैसे- घृणा ,डर, चोरी ,चिंता, भय आदि। उन बोतलों के पानी की सरंचना बहुत कुरूप-सी हुई थी।

इस प्रयोग ने साबित किया कि शब्दों में ऊर्जा होती है और आप चाहे तो इससे अपने जीवन में बड़े-बड़े परिवर्तन ला सकते है।

उदाहरण

एक महिला शादी के दस वर्ष के बाद भी माँ नहीं बन पाई थी और अवसाद में जा रही थी। उसी समय किसी ने उसे पानी की ऊर्जा के विषय में बताया और महिला ने बतायें अनुसार एक बोतल में यह लेबल चिपका कर रख दिया कि "मैं गर्भवती" हूँ। वह उस बोतल में रात को पानी भर कर रख देती और अगले दिन उस पानी को पूरे विश्वास से ग्रहण करती। यह करते हुये कुछ समय ही हुआ था और चमत्कार हो गया। महिला न केवल गर्भवती हो गई अपितु उसने बहुत प्यारे से बच्चे का भी जन्म दिया।

आप भी यह तकनीक अपनाकर जीवन की किसी भी समस्या का समाधान कर सकते है।

Dr. Masaru Emoto's के प्रयोग से साबित होता है कि शब्दों में ऊर्जा होती है और क्योंकि हमारा शरीर भी ७०% पानी से बना है, हमारे हर अंग में पानी है तो जब भी हम सकारात्मक या नकारामक शब्दों को बोलते है उसका असर हमारे ऊपर भी होता है।

आप भी Dr. masaru Emoto's के इस प्रयोग को घर पर करके देख सकते है। एक प्याली में पानी भर कोई सकारात्मक शब्द जैसे-प्यार चिपकायें वही दूसरी प्याली में नकारात्मक शब्द जैसे- नफरत चिपकायें और लेबल पर जो लिखा है उसका उच्चारण करके रख दे, रात भर फ्रिजर में।अगले दिन दोनों प्यालियों की संरचना को देखे और शब्दों की ऊर्जा को आप भी महसूस करें।

"शब्द बहुत प्रभावशाली होते है ऊर्जा से भरे, तो उनका चुनाव खुद के लिए और दूसरों के लिए सोच समझ कर करे।

जो आप लगातार बोलते है वही आकर्षित करते है।"

अध्याय सार

- बार-बार जो आप बोलते है आकर्षित करते है।
- कभी भी Self Negative talk ना करें।
- शब्दों में ऊर्जा (Energy) होती है।
- मस्तिष्क, नकारात्मक विचारों पर जल्दी प्रतिक्रिया देता है।
- जीवन में हमेशा शब्दों का चुनाव सोच-समझ कर करें।

2. विचारों से कैसे बदल गया जीवन

विचारों से हमारा जीवन बदल जाता है। क्या आप से किसी ने यह बात पहले भी कही है अगर हाँ, तो सच बोला है एकदम।

इस अध्याय मे मैं आपको विचारों / सोच से हमारा जीवन कैसे बदल जाता है इसका उदाहरण दे रही हूँ -

यह उदाहरण मेरे पिता जी के जीवन का है उनका जन्म बाँदा के छोटे से गाँव में हुआ | बचपन उनका चार भाई-बहनों के बीच गुजरा वह अपनी माता-पिता की सबसे छोटी संतान थे।

घर का वातावरण ऐसा था कि मेरे दादा-दादी बड़ी मुश्किलों से रोजमर्रा की जरूरतें तो बच्चों की पूरी कर देते परंतु उन्होंने बच्चों कि पढाई-लिखाई को ले कर बड़े-बड़े सपने नहीं देखे थे। बड़ी मुश्किलों से रोटी, कपड़ों का ही जुगाड़ हो पाता।

पिता जी का जीवन १० वर्ष की आयु तक खेत और घर के कामों तक ही सीमित रहा। वह अपनी प्राथमिक शिक्षा का प्रारम्भ भी अभी तक न कर सके थे।

अचानक एक घटना ने उनकी सोच और विचारों को ऐसा बदला कि जो लड़का कहाँ तो पढने नहीं जाता था कहाँ वह वायुसेना का अधिकारी बन गया यानी मेरे पिता जी आदरणीय श्री अच्छे लाल जी।

घटना कुछ ऐसी थी——

पडोस कि एक बच्ची ललिता नाम था जिसका पिताजी कि हमउम्र एक दिन पिता जी से बोली अच्छे लाल भईया तू खेत का काम और भैंस चराने जाता है, तू स्कूल क्यों नहीं जाता पढ़ने।

जब पिता जी ने घर कि आर्थिक स्थिति का बताया साथ यह भी कि पटरी नहीं है जिस पर लिखा जाता है।

इतना सुनना था कि ललिता ने अपनी एक पटरी पिता जी को दे दी जिसे वह उसी समय दौड़ कर घर से अपने ले आई थी।

पिता जी ने अब पढने का पूरा विचार कर लिया था। अगले दिन उन्होंने अपने घर पर भी बोल दिया अब स्कूल जाऊंगा पढ़ने इसलिए भैंस चराने नहीं जाऊँगा।

अब पिता जी रोज तैयार हो स्कूल जाते और घर आ कर भी मन लगा कर रात भर दीये की रोशनी में पढ़ते। अब वही बच्चा जो इतनी लेट स्कूल जाना शुरू किया था मास्टर जी का प्रिय छात्र बन गया और मात्र तीन साल में उनकी काबिलियत देख मास्टर जी ने उन्हें तीसरी कक्षा से पाँचवी कक्षा की परीक्षा में बैठा दिया था | जिसमें वह अव्वल भी आयें।

अब पिता जी रूकने वालों में ना थे। प्राथमिक के बाद आगे कि पढाई के लिये उन्हें गाँव से दूर कस्बे भेजा गया। जहाँ एक किराये का कमरा ले पिता जी पढ़ते। मेरे बाबा जी ने भी पिता जी की लगन देख पढाई जारी रखी उनकी, परंतु यह भी तय था आगे आर्थिक परेशानी के चलते वह शायद इसके आगे ना पढ़ पायेंगे।

पिता जी ने मन लगा कर पढाई जारी रखी कई बार जब गाँव से राशन आने में देर हो जाती तो ऐसा भी समय था तीन-तीन दिन पिता जी बिना कुछ खायें सिर्फ पानी पी कर रहे है।

क्योंकि वह पढाई से समझौता नहीं करना चाहते थे। वह गाँव में भी किसी को अपनी परेशानी यह सोच ना कहते कि दादी-बाबा परेशान न हो।

एक दिन अचानक मेरी दादी जब अनाज लेकर आयी तो उनकी आँखो में यह देख आँसू आ गये कि घर पर न आटा था, ना दाल। इस तरह उन्होंने पढ़ाई में किसी भी रुकावट को कभी आने ना दिया।

पिता जी का विवाह १० वी कक्षा में पढ़ते ही हो गया था। परन्तु अभी मेरी माँ का गौना ना किया गया था। अब पढाई के लिये आगे की बाबा के पास पैसों की व्यवस्था नहीं थी।

अब खूब पढ़ना है कुछ बनना है, जब यह विचार पिता जी ने कर लिया और इसे ही लक्ष्य बना लिया तो सारी घटनायें खुद ही घटित होने लगी जो उनकी सोच और विचारों की ऊर्जा का ही परिणाम था-

मेरे दाऊ जी जो कई सालों से गाँव ना आये थे एक दिन अचानक गाँव आते हैं और पिता जी को आगे पढ़ने के लिये अपने साथ कानपुर ले जाने कि बात करते है।

पिता जी भी मन ना होने पर भी कानपुर उनके साथ आ गये क्योंकि पढाई करनी थी उन्हें आगे। यहाँ उनका नाम गुरुनानक इण्टर कॉलेज में लिखवाया गया। यही पिता जी के कई मित्र बने जिनमे से एक मित्र एयरफोर्स में जाने कि इच्छा रखता था। पिता जी कानपुर आ तो गए परन्तु उन्हें कई बार ऐसा भी लगता शायद उनकी भाभी को उनका वहा रह कर पढ़ना पसंद नहीं आ रहा।

यह सब घटनायें अचानक ही घटित हो रही थी।

तभी पिता जी के मित्र ने बताया एयरफोर्स की भरती निकली है और उसने पिताजी को सारी जानकारी दी। दोनों मित्रों ने फार्म भर दिया। कहां तो पिता जी पढ़ने आये थे। कहां एक महीना ही हुआ कि वह अब एयरफोर्स में जाने कि

तैयारी में लगे थे और उनका सेलेक्शन हो गया। पिता जी ने आगे अब नौकरी के साथ-साथ उच्च शिक्षा पूर्ण की। जो बच्चा दस वर्ष की आयु तक कभी स्कूल भी ना गया था आज खट-खट फर्राटेदार अंग्रेजी बोलता और लिखता था।

पिता जी कि सोच या विचार कहों जिसके कारण ना केवल उन्होंने अपनी पढ़ाई पूरी की अपितु सम्मानजनक नौकरी भी हासिल की। अपने माता-पिता को कर्ज मुक्त किया, गाँव में अच्छा घर बनवाया, रिश्तेदारों की हर सम्भव मदद की और अपने पत्नी और बच्चों को उज्ज्वल भविष्य दिया।

इसलिये मैं हमेशा कहती हूँ जो आप खुद के लिये चाहते है उसे पूरे सकारात्मकता के साथ सोचों और पूरे विश्वास से फिर लग जाओ उसे पूरा करने के लिये। वह आपको अवश्य: ही मिलेगा। यह मेरा विश्वास है क्योंकि विचारों में ऊर्जा होती है और वह कार्य जरूर करती है यह ब्रह्मांड का नियम है।

परंतु शर्त यह है कि नकारात्मकता से दूर रह कर सोचना है और अपने लक्ष्य को दिन में और रात में अपने जहन में रखते हुये कई बार दोहराना है।

"कहते है ना जो आप सोच रहे है अभी वह अदृश्य है परन्तु आपकी सोच ही अदृश्य को दृश्य में बदल देती है"

गांधी जी ने - जैसे कहा भी है–

"जैसा आप सोचते है, आप वैसे बन जाते है।" यह बात पूर्णतः सत्य है और वैज्ञानिक रूप से भी साबित हो चुकी है"।

अध्याय सार

सकारात्मक होकर सोचों और फिर आगे कदम बढ़ा दो मंजिल की तरफ अपने और सामने खुबसूरत नजारा आपका इंतजार कर रहा है।

अपनी आज कि परिस्थिति जो है जरुरी नहीं कल भी वही रहेगी। अपने सपनों में परिस्थिति को बाधक ना समझ बस सपनों पर ध्यान केन्द्रित करे।

विचारों और सोच में ऊर्जा होती है, बस एक कदम आपको लेना है आगे के रास्ते खुद-ब-खुद बनते चले जाते है।

- आज जो सपने, विचार, आपके अदृश्य है कल वही दृश्य रूप ले लेते है।
- सपनों के लिए निर्णय लेने की पहल करें।

3. चेतन-अवचेतन मस्तिष्क और मनचाही घटनाओं का सृजन

हम सब यह तो जानते है, कि हमारे मस्तिष्क के दो भाग होते है, दाया और बाया। परन्तु इसका महत्त्व क्या है और जीवन निर्माण में कैसे सहायक है, आज इस अध्याय में यह जानेंगे।

मस्तिष्क के इन दोनों भागों को हम चेतन और अवचेतन मस्तिष्क के नाम से जानते है।आज से दो साल तक मुझे मस्तिष्क के चमत्कार या जीवन निर्माण में अहम रोल का, अनुभव नहीं था।

मुझे जब मस्तिष्क की, इस शक्ति का पता चला तो, मैंने भी इसका अनुभव अपने जीवन में लिया और अपने जीवन में छोटे- बड़े परिवर्तन महसूस किये।

मैं आज इस पुस्तक के माध्यम से आपको भी इसका महत्त्व बताना चाहती हूँ ताकि कोई भी व्यक्ति इतना हताश और नाउम्मीद ना हो जायें कि अपनी जीवनलीला को ही समाप्त कर लें । बल्कि मस्तिष्क की शक्ति का उपयोग कर जीवन सँवारे।

सबसे पहले मैं अवचेतन मस्तिष्क की बात करती हूँ, इसका इस्तेमाल अपने हित में कैसे करेंगे।

क्या? आप जानते है। हमारे जीवन निर्माण का ९०%, जिम्मेदार अवचेतन मस्तिष्क ही होता है।

हम जो विचार अवचेतन स्थिति मस्तिष्क को पहुँचाते हैं वही विचार हमारा अवचेतन मस्तिष्क, हमारे चेतन मस्तिष्क को पहुँचा कर उसे सार्थक बना देता है, हमारे जीवन की सच्चाई बना देता है।

हमारे मस्तिष्क का बाया हिस्सा विचारों को संजोता है जबकि दाया सजृन करता है। जब हम बाये हिस्से का इस्तेमाल करना सीख जाते है, जिसे हम अवचेतन मस्तिष्क भी बोलते है, तब हम जीवन में बड़ी-बड़ी घटनाओं मनचाही घटनाओं का सजृन कर लेते है।

अब आप जानना चाहेंगे कि अवचेतन मस्तिष्क तक कैसे पहुँचा जाये। अवचेतन मस्तिष्क तक पहुँचने का सबसे आसान तरीका है , जो भी आप चाहते है, उसकी कल्पना सोने से पाँच मिनट पहले रात में करें।

शरीर को सबसे पहले एकदम शिथिल छोड़ दे, दिमाग को शांत रखे और आँखे बंद कर ले । शरीर में अकड़न की कोई अनुभूति न रखे, शरीर एकदम ढीला छोड़ देना है और अब आपको उस चीज की कल्पना करनी है, जिसे जीवन की सच्चाई बनाने की इच्छा हो।

अवचेतन मस्तिष्क तक अपनी बात पहुँचाने का एक तरीका यह भी है कि हम जो चाहते है, या जैसा जीवन चाहते है उसका एक चलचित्र बना लें मस्तिष्क में और इसका मात्र भी खुद को बनाये। घटना कैसे घटित हो रही है, क्या-क्या चीज हो रही है आपके आस पास का वातावरण कैसा है, आपने कैसे कपड़े पहने है आदि छोटी-छोटी चीजों को इस चलचित्र का हिस्सा बनायें।

अब मैं एक तीसरा तरीका बताती हूँ, जिसका इस्तेमाल करके अवचेतन मस्तिष्क तक पहुँचा जा सकता है यह है, जब आप बस सोने ही वाले है उसके कुछ समय बिस्तर पर लेट कर आराम से जो भी आपको अपने जीवन का सच

बनाना हो, उसे मुँह से बोलते जायें पर यह इतना धीरे बोलना है कि, आवाज आपके ही कानों तक पहुँचे।

जब कल्पना करें ध्यान रखे इस तरह करें जैसे वह सब वर्तमान में हो रहा हो और हर छोटी-छोटी चीजों की कल्पना करें।

उदाहरण

अगर मुझे कार लेनी है तो अब मैं इसकी कल्पना कुछ इस प्रकार करूँगी।

"मेरे पास नई लाल रंग कि ब्रेजा कार है। जिसे में खुद, अपनी पसंद का गाना (जो आपको पसंद हो वही गाना भी सोचे) सुनते हुये चला रही हूँ। मेरी उंगलिया स्टीयरिंग में है बाहर का मौसम बहुत सुहाना है।"

इस कल्पना को ऐसे जीना है जैसे यह सच है।

इस तरह कुछ दिनों के अभ्यास से अवचेतन मस्तिष्क की प्रोग्रामिंग हो जाती है आपकी कल्पना या विचार गहरे अवचेतन मस्तिष्क में समा जाते है और अब इंतजार करें क्योंकि अवचेतन मस्तिष्क आपका काम खुद ही चेतन मस्तिष्क करवा लेगा।

बस अब आपके सामने जब छोटे-छोटे अवसर आयें, जागरूक हो उस पर ध्यान देने की जरूरत है।

यह कार्य आपको हर रात तब तक जारी रखना है, जब तक आपकी इच्छा पूरी ना हो जायें।

हमारा अवचेतन मस्तिष्क, क्या आप जानना चाहेंगे किस समय ज्यादा चीजें ग्रहण करता है? रात को सोने से बस पहले और सुबह उठते ही, इसका मतलब आप इन दोनों समयों का उपयोग अपने सपनों को पूरा करने के लिए कर सकते

है। सुबह-सुबह आँखे खुलते ही बिस्तर पर ही अपनी इच्छा दोहराना अच्छा रहता जैसे हम रात में बिस्तर पर सोने से पहले करते है।

कभी भी बड़े सपने देखने या बड़ा पाने में संकोच ना करे। भले ही आपको यह तब असम्भव प्रतीत होता हो।

कारण जानना चाहेंगे, बहुत मजेदार लगेगा आपको।

मैं आपको बड़े सपने देखने को इस लिये बोल रही हूँ क्योंकि हमारा अवचेतन मस्तिष्क क्या सच है या गलत या कार्य, आसान है या मुश्किल इसमें अन्तर नहीं करता या कहूँ कि उसे तर्क का ज्ञान नहीं होता कि कैसे होगा आदि-आदि।

जो आपने सोचा उसके लिए वही सच है और उसे सच जान उसका सजृन चेतन मस्तिष्क से करवा लेता है।

है, ना यह मजेदार।

अब मैं अपने जीवन से एक उदाहरण देना चाहूँगी, मेरे लिए कैसे कार्य किया अवचेतन मस्तिष्क की शक्ति ने-

मेरी पहली पुस्तक "अभिलाषा-एक प्रेम कथा" बस मैंने सोते-जागते इस पुस्तक का सपना देखा कि यह मेरे हाथों में है, और इसे लोग पढ़ कर अभिलाषा की भावनाओं को महसूस कर पा रहे है। मैं पुस्तक के हाथों में होने की अनुभूति करती। फिर रास्ते खुद-ब-खुद आसान होते गये और मुश्किलें आती पर उसका हल पहले हाज़िर मिलता, इस तरह कई चरणों को पार करते हुए आज मेरी पुस्तक Amazon और flipkart पर मौजूद है और लोगों से अच्छा review मिल रहा है।

अध्याय सार

- जीवन निर्माण का ९०% जिम्मेदार अवचेतन मस्तिष्क होता है।
- अवचेतन मस्तिष्क सही-गलत नहीं जानता वह तो जो आप सोचते उसे ही सच समझता है।
- अवचेतन मस्तिष्क रात को सोने से पहले और सुबह-सुबह आँखे खुलते ही अधिक कार्यशील रहता है।
- हमारे मस्तिष्क का बाया हिस्सा अवचेतन मस्तिष्क के रूप में कार्य करता है।
- मस्तिष्क का बाया हिस्सा विचारों को संजोता है, जबकि दाया हिस्सा सजृन का कार्य करता है।

4. ब्रह्मांड के संकेत

हमारे जीवन में ब्रह्मांड और शक्ति का विशेष महत्त्व है क्योंकि हम सब खुद भी इस ब्रह्मांड का हिस्सा है।

आज हम जानेंगे किस प्रकार ब्रह्मांड हमसे सम्पर्क करता है। क्योंकि वह खुद तो सामने बैठकर बात नहीं करेगा, फिर भी वह हम से बातें करता है।

आज मैं समझने लगी हूँ कि जब ब्रह्मांड मुझ से सम्पर्क करता है और जब आप जानने लगते है, वह है, आपके साथ तब अंदर शांति और सुरक्षा का भाव स्वतः ही पैदा हो जाता है।

ब्रह्मांड जब भी हमसे सम्पर्क करता है वह कुछ संकेत देता है, बस उन संकेतो और उसके अर्थ को जानना होता है। ब्रह्मांड के इन संकेतो को समझ कर हम अपना जीवन सरल बना सकते है।

ब्रह्मांड का सम्पर्क करने का तरीका एकदम अलग है, वह कभी किसी अन्य व्यक्ति कुछ नम्बरों, कुछ अचानक लिखा आपकी समस्या से प्रकट हो जाना यह सब ब्रह्मांड के संपर्क करने के तरीके है।

जब हम पवित्र दिल से जीना शुरू करते है। तब हमको हमारी हर परेशानी पर या कहूँ दुविधा पर ब्रह्मांड रास्ता दिखाता है। जब हम अपने सवालों के जवाब ढूँढ रहे होते है और हमें रास्ता नहीं मिल रहा हो और तब शायद बड़े दिल से आपने चाहा हो कि ईश्वर आपकी मदद करें। तब ही आपको किसी व्यक्ति के माध्यम से या किसी वीडियो के माध्यम से या होर्डिंग पर आपकी समस्या से सम्बंधित कुछ लिखा दिख जाये और आज से पहले आपकी नजर उस पर कभी न पड़ी हो, पर आज अचानक ही वह आपका ध्यान आकर्षित करने लगा

हो। कभी-कभी कुछ नम्बर आपको बार-बार दिखने लगेंगे कभी घड़ी, कभी मोबाइल, कभी किसी पोस्ट ,कभी गाड़ी की नम्बर प्लेट पर। इसका अर्थ होता है ब्रह्मांड हमसे सम्पर्क कर हमारी मदद कर रहा है। इन नम्बरों को हम एन्जलिक नम्बर के नाम से जानते है। हर नम्बर का अपना अलग अर्थ होता है।

यह नम्बर समान्यत: इस तरह सिगनोसिकी या क्रम में होते है-११: ११, ४४, ८८, ७७, ५५, १०: १० आदि।

हम माने या ना माने ब्रह्मांड हमेशा ही हमारे लिए कार्य कर रहा होता है। हम ब्रह्मांड के ही अंश है और ऊर्जा के माध्यम से एक - दूसरे से जुड़े होते है।

क्या कभी आपने अनुभव किया है कि आप किसी व्यक्ति को याद कर रहे हो और तभी उसी वक्त उस व्यक्ति की कॉल आ जाती है। इसका कारण जानते है क्या है-?

इसका कारण है ऊर्जा, हम एक दूसरे से भी के ऊर्जा के माध्यम से जुड़े है।

अब मैं आपको अपने जीवन से जुड़े ब्रह्मांड के संकेत बताती हूँ जो मैं तब तो नहीं समझती थी परंतु आज समझ पाती हूँ—

बात २०१६ की है, मैं और मेरी बहन गर्मियों की छुट्टियों के लिए उत्तराखण्ड घूमने की तैयारी कर रहे थे। समय था, ९ जून के आस-पास पर उस समय तीन बार हमने टिकट का प्रयास किया और तीनों बार कुछ न कुछ अड़गा आ जाता।

समझ बिल्कुल ना आ रहा था क्यों इस बार यह हो रहा है कि टिकट हो ही नहीं पा रही है। हमने एजेन्ट को अतिरिक्त पैसे देने की भी बात की , पर बात नहीं बनी। हार कर हमने जाना कैंसिल कर दिया था।

हम यह भी बोलते जाते की, आज से पहले ऐसा कभी नहीं हुआ कि, इतनी कोशिश और समय से रिजर्वेशन की ,सारी कोशिश के बाद भी कुछ ना हुआ।

कुछ समय बाद हमने समाचार में देखा जिस समय हम जाना चाह रहे थे उसी समय वहाँ भयानक बाढ़ आ गई थी। और लोग ना केवल वहाँ फँस गए थे अपितु जान-मान की भी हानि बहुत हुई।

तब हमारे मुँह से यही निकला कि ईश्वर ने बहुत-बहुत बचा लिया। लेकिन बात तब हमारी समझ में नहीं आई थी कि ब्रह्मांड हमें तब वहाँ खतरा है, यही संकेत दे रहा था।

इसमें एक बात समझनें और याद रखने वाली है कि, जब कोई काम एक बार से, दो बार से, आराम से ना हो तो उस समय जोर लगा कर वह कार्य करने की कोशिश नहीं करनी चाहिए। अपितु उस वक्त उसे छोड़ देना चाहिए।

एक बात और याद रखे जबरदस्ती से भारी नुकसान उठाना पड़ सकता है, ब्रह्मांड में किसी भी काम के लिए अतिरिक्त बल की कोई आवश्यकता नहीं होती, यह आसानी से स्वतः होता है।

अब मैं अपना एक और व्यक्तिगत अनुभव साझा करती हूँ, यह अनुभव नंबर जिसे एंजल नंबर कहा जाता है के साथ है——

मुझे एक साल तक ४४ नंबर सब जगह दिख जाते, कभी गाड़ी की नंबर प्लेट पर, कभी घड़ी के टाइम पर, कभी वीडियो में ऐसी ही अचानक से, कही भी यह नंबर मुझे यह दिखाना शुरू हो गया था।

फिर मुझे पता चला इसका अर्थ–"ब्रह्मांड आपको इसके माध्यम से बता रहा होता है कि मेरे बच्चे घबराना नहीं, मैं हूँ तेरे साथ तेरी सुरक्षा के लिए, तुझे सारी परेशानियों से निकाल कर प्रगति के पथ पर ले जाऊँगा। बस रुकना नहीं, पीछे हटना नहीं, तुझे वह सब दूँगा जो तेरे लिए अच्छा है।"

ब्रह्मांड के संकेत को समझ कर बहुत से लोगों ने अपने जीवन में सफलता हासिल की है, रास्ते खोजे हैं अपने लिये।

ब्रह्मांड के संकेतों को समझने के लिए क्या प्रयास करना होगा?

इसका सबसे सरल तरीका है अपने आस-पास के वातावरण को ध्यान से समझना। छोटी - बड़ी घटनाओं पर ध्यान केंद्रित करना।

जब आप ब्रह्मांड या ईश्वर जिस भी नाम से पुकारते हैं उसे, उससे मदद मांगते हैं। तब हर घटना को आपको ध्यान से देखने-समझने की कोशिश करनी होगी। आपको उन्हीं घटनाओं में अपना समाधान मिल जायेगा।

अध्याय सार

- हम सब ऊर्जा से निर्मित है, इस कारण ब्रह्मांड का हिस्सा है।
- ब्रह्मांड संकेतों के माध्यम से हमसे संपर्क करता है।
- ब्रह्मांड किसी कार्य में अतिरिक्त बल लगाने को नहीं कहता है।
- ब्रह्मांड किसी अनजान व्यक्ति, टीवी, वीडियो होडिंग, आदि के माध्यम से संकेतो द्वारा संपर्क करता है।

किसी भी कार्य को, तीन बार से ज्यादा प्रयास करने पर भी ना हो तो, कुछ समय के लिए उसे छोड़ देना चाहिये अन्यत: नुकसान उठाना पड़ सकता है।

5. हमारी भावनाओं का जीवन और शरीर पर प्रभाव

हमारे जीवन में हमारी भावनाओं का, जैसा हम सोचते हैं, जैसा महसूस करते हैं का बहुत महत्त्व है।

भावनाएँ ना केवल जीवन के निर्माण में सहायक है अपितु हमारे शरीर पर, स्वास्थ्य पर भी इनका सीधा-सीधा प्रभाव पड़ता है।

हमारी सोच जैसी होगी, हम उसके अनुरूप ही सुख-दुख, ईर्ष्या, भय, क्रोध आदि भावनाओं को महसूस करते हैं।

आप जितनी नकारात्मक भावनाओं को महसूस करेंगे, आपका जीवन भी उतनी ही नकारात्मक घटनाओं से भरा रहेगा। आपको शायद यह जानकर थोड़ा अजीब लग रहा होगा।

परंतु ब्रह्मांड का सत्य यही है जो देते हैं वही मिलता है, तो जैसी भावनाएँ आप तरंगों के माध्यम से उस तक पहुँचा रहे हैं तो वही तो लौट कर भी आयेगी।

उदाहरण

जब आप बीज लगाते हैं तभी आपको पौधा, या अनाज मिलता है।

फिर नकारात्मक भाव में सकारात्मक परिणाम कैसे प्राप्त होंगे? वही जब हम खुशी, प्रेम, दया, अपनापन, ईमानदारी जैसे सकारात्मक भाव रखते हैं, तब सकारात्मक घटनायें आपके साथ घटित होती हैं। यही तो आकर्षण law of attraction का नियम भी है। जो भाव होगा, जो भावनाएँ महसूस होगी, वही आप आकर्षित भी करेंगे।

जैसा कि विवेकानंद जी ने भी कहा है---

"जैसा तुम सोचते हो, वैसे ही बन जाते हो। "

अब बात करूँगी "डी.एन.ए" (D.N.A) जिसका हमारे शरीर की संरचना में महत्त्वपूर्ण योगदान और हमारी भावनाओं का क्या आपस में कोई सम्बंध है।

तो आप भी जान ले "डी.एन.ए" (D.N.A) का सम्बंध बिल्कुल भावनाओं से है। भावनाएँ ही "डी.एन.ए" (D.N.A) को अभिव्यक्त करती हैं।

भावनाएँ हमारे "डी.एन.ए" (D.N.A) को परिवर्तित और उसके नव निर्माण तक में सहायक है।

अगर हम क्रोध, चिंता, निराशा, ईर्ष्या, डर, भय जैसी भावनाएँ महसूस करते हैं, तब इसका असर "डी.एन.ए" (D.N.A) पर नकारात्मक होता है, और उसमें गाँठ पड़ने के कारण वह ठीक से कार्य भी नहीं कर पाता जिससे हमारा शरीर बीमारियों से ग्रसित होने लगता है। इसके साथ ही तब हमारा संपर्क यूनिवर्स से कमजोर पड़ जाता है, हम उससे जुड़े नहीं पातें।

देखा आपने यह नकारात्मक भावनायें कितनी हानिकारक है।

वही प्रेम, करुणा, प्रशंसा, कृतज्ञता जैसी भावनायें हमारे "डी.एन.ए" (D.N.A) को अच्छे से कार्य करने में सहायक है, उसे ढीला कर कोशिकाओं में आराम से बहने देती है। जिससे न केवल हम स्वस्थ रहते हैं अपितु बहुत-सी बीमारियों को ठीक कर लेते हैं।और यूनिवर्स से भी बढ़िया तौर पर जुड़े रहते हैं।

विश्व जो है, इसका निर्माण "फोटोन" से हुआ है। "डी.एन.ए" (D.N.A) की वैज्ञानिकों ने जब रिसर्च किया, पता चला "डी.एन.ए" (D.N.A) का फोटोन पर प्रभाव पड़ता है।

"डी.एन.ए" (D.N.A) भावनाओं से प्रभावित होते हैं। जिस से हम यूनिवर्स और "डी.एन.ए" (D.N.A) का आपस में सम्बंध समझ सकते हैं, और यह भी कि, भावनायें ही आकर्षण के लिए उत्तरदायी हैं और हमारी सकारात्मक एवं नकारात्मक भावनाओं का असर "डी.एन.ए" (D.N.A) पर पड़ता है सकारात्मक भावनायें "डी.एन.ए" (D.N.A) को शिथिल करती हैं ,नकारात्मक भावनायें "डी.एन.ए" (D.N.A) में सुकड़न पैदा करते हैं।

मानवीय भावनाओं से "डी.एन.ए" (D.N.A) प्रभावित होता है और "डी.एन.ए" (D.N.A) से फोटोन प्रभावित होता है, जिससे दुनिया का निर्माण हुआ है।

अब आप समझ सकते हैं, हमारी भावनायें हमारे जीवन निर्माण में कितना महत्त्वपूर्ण योगदान देती है। यह वैज्ञानिक रूप से भी सत्य है, जिससे ऊपर हमने जाना अभी, इस तरह शरीर को अच्छा रखना और एक अच्छे जीवन का निर्माण करना दोनों ही हमारे हाथों में है।

हमें बस थोड़े से अभ्यास की आवश्यकता है कि हम जल्दी नकारात्मक न हो और अगर कभी - कभार हो भी जायें जैसा कि मानवीय- व्यवहार है नकारात्मक के प्रति जल्दी प्रतिकिया देते हैं, तब जल्दी ही उस नकारात्मक की शृंखला को तोड़े, और इसे तोड़ने के लिए कम से कम पाँच से आठ सकारात्मक विचार सोचने होंगे।

मैंने अपने जीवन में कई बदलाव किये , बहुत-सी इच्छाएँ खुद ही, पूरी की जिसमें खुद के लिए, जमीन लेना, अपनी पुस्तक लिखना, एक बार नहीं दो-दो बार, अपनी पसंद की जगह कश्मीर जाना, अपने जानने वालों के साथ अच्छे रिश्ते स्थापित करना, अपनी इस पुस्तक पर काम करना जो कि अब इस समय आप पढ़ रहे हैं। और आगे भी कई योजनाएँ हैं जो जल्दी पूरी होंगी।

यह बदलाव मैंने Gratitude, Meditation, Affirmation, Scripting को अपने जीवन का हिस्सा बना कर किया। जो मैंने "रॉन्डा बर्न" , डॉ. जोसेफ मर्फी आदि की शिक्षाओं से सीखा।

अब मैं चाहती हूँ कि आप सब की मदद अपनी पुस्तक के माध्यम से करूँ, और आपको वह सब सीखाऊँ जो मैंने जाना सीखा और अपनाया ताकि आपका जीवन भी खुशियों से भर जाये।

तो क्या अब आप तैयार हैं, जीवन में सकारात्मक बदलाव लाने के लिये और उन तकनीकों को जानने के लिए जो आगे अध्याय में साझा की जा रही है।

आप तैयार हैं जीवन में बदलाव और अपने सपनों को पूरा करने के लिये। तभी तो आप इस पुस्तक को पढ़ रहे हैं, और मैं आपको पूर्ण विश्वास दिलाती हूँ, इस पुस्तक को पूरा पढ़ कर ही , और जो चीज मैंने आपसे साझा की उसे पर अमल करते हुए ही आप भी अपने जीवन में बदलाव देखेंगे।

6. अफर्मेशन (Affirmation)

अफर्मेशन (Affirmation) , यह सकारात्मक वाक्य होते हैं ,जो आपके विचारों को नकारात्मक नहीं होने देते, इसके साथ ही आपको सकारात्मक रखने में मदद भी करते हैं, जिससे आप डिप्रेशन में जाने से भी बचते हैं।

अफर्मेशन (Affirmation) आपके जीवन को सही और सकारात्मक दिशा देने का भी काम करते हैं।

यह "आकर्षण" के सिद्धांत का अहम हिस्सा है जिस पर चल कर, हम अपने अनुसार जैसा जीवन चाहते हैं पा सकते हैं।

अफर्मेशन (Affirmation) हमारे सब्कॉसियस से मस्तिष्क पर काम करता है, और मैंने आपको पहले भी बताया है सब सब्कॉसियस मस्तिष्क अवचेतन मस्तिष्क सही या गलत नहीं जानता, सच या झूठ नहीं जानता ,पर जो आप सोचते हैं उसे ही सच बना कर आपके सम्मुख प्रस्तुत कर देता है।

हाँ पर अफर्मेशन (Affirmation) आपके लिए एक दिन में काम नहीं करेंगे यह लंबा अभ्यास और समय दोनों माँगता है। बस बिना रुके आप अभ्यास करते जाये और फिर आप खुद से अनुभव करेंगे जीवन में बदलाव, जो आपने चाहा ,वह आपके सामने होगा।

अफर्मेशन (Affirmation) जैसा कि अब आप जान गये हैं कि ,यह सकारात्मक वाक्य होते हैं परंतु इससे कैसे लिखना या बोलना है अब मैं आपको वह बताती हूँ।

अब आप शांति से सोचें आप जीवन से क्या चाहते हैं ,क्या लक्ष्य है, क्या सपनें हैं आपके , स्वास्थ्य, पैसा, शादी ,नौकरी आदि जो भी आप अपने लिए चाहते

हैं उसे छोटे-छोटे वाक्य में लिख लें परंतु यह चाहिए ऐसा नहीं लिखना यानी एक उदाहरण से समझाती हूँ।

"मैं अपने लिए एक सुंदर घर 'चाहती' हूँ।"

यह तरीका गलत है आपका इस तरह के वाक्य कभी आपका सपना पूरा होने नहीं देंगे।

आपको अपनी इच्छा को अफर्मेशन (Affirmation) के रूप में इस तरह वर्तमान रूप में लिखना है, जैसे कि वह चीज आपके पास है। जैसे-

"मेरे पास एक सुंदर-सा घर है और मैं बहुत खुश हूँ।"

यह वाक्य यानी अफर्मेशन (Affirmation) लिखने के बाद, जो भी जैसा ऊपर बताया कि एक से ज्यादा क्षेत्रों से सम्बंधित हो सकती है। इन अफर्मेशन (Affirmation) को विशेषत: सुबह उठते ही और रात को सोते समय बोलना चाहिये।

अफर्मेशन (Affirmation) बोलते समय ध्यान देना कि, यह वाक्य सिर्फ आपके इस मुख से ही , ना निकल रहे हो ,बल्कि आप उन वाक्यों को भावनात्मक रूप से महसूस करके बोले।अर्थात अफर्मेशन (Affirmation) फिलिंग्स के साथ फील करके बोलना है।

अफर्मेशन (Affirmation) को फिलिंग्स के साथ जोड़ने का एक सरल तरीका बताती हूँ, बस आप कल्पना करो कि अगर जो आप माँग रहे हैं , वह सच हो जायेगा तो आप कैसा अनुभव करेंगे ,कल्पना करके देखें ,और ऐसा करते ही आप उत्साह से भर जायेंगे और अफर्मेशन (Affirmation) का जुड़ाव खुद ही फिलिंग्स (Feelings) के साथ हो जायेगा।

मैं आपको कुछ अफर्मेशन बनाकर दे रही हूँ, आप चाहे तो इनका प्रयोग भी खुद के लिए कर सकते हैं। इन अफर्मेशन (Affirmation) से सीख कर खुद के लिए आप अफर्मेशन (Affirmation) बना भी सकते हैं।

अफर्मेशन (Affirmation) :-

1. मैं बहुत खुश हूँ, अपने जीवन का हर पल खुशी के साथ जी रही हूँ।
2. मैं बहुत कामयाब हूँ, मैं जो भी करती हूँ / करता हूँ मुझे उसे कार्य में सफलता मिलती है।
3. मेरे पास कमाई के कई स्रोत हैं।
4. मेरा शरीर स्वस्थ, ऊर्जावान और पूरी तरह फिट है।
5. मैं अपने सपनों की जिंदगी जी रही हूँ।
6. मेरे आस-पास सच्चे और ईमानदार त्याग हैं, जो सच्चे दिल से मुझसे प्यार करते हैं।
7. मैं आत्मविश्वास से भरी / भरा हूँ।
8. मैं सदा सकारात्मक सोचती हूँ और प्रतिदिन अपने जीवन को बेहतर से बेहतर बना रही हूँ।
9. मैं अपने देश के साथ-साथ विदेश की यात्रा के अपने सपनें को पूरा कर रही हूँ।
10. मैं एक मनिफेस्टॉर हूँ जो चाहती/ चाहता हूँ आकर्षित कर लेती / लेता हूँ।

7. कृतज्ञता (Gratitude)

"कृतज्ञता" यानी "आभार", इस अध्याय में मैं आपको "कृतज्ञता" (Gratitude) की शक्ति के विषय में बताने जा रही हूँ।

मैं जब से इसके महत्त्व को जाना तब से प्रतिदिन इसे करना प्रारंभ किया ,और अपनी दिनचर्या का हिस्सा बना लिया।

जब मैं "कृतज्ञता" के विषय में जान रही थी ,तब पता चला जितने सफल लोग हैं, जिसका भी नाम आपको इस समय याद आ रहा हो सभी "कृतज्ञता"के महत्त्व को जानते हैं और इसे अपने जीवन का हिस्सा भी बनाया हुआ है।

मनुष्य की नियति है ,जो उसके पास नहीं है ,वह उसके विषय में ही सबसे ज्यादा सोचता है, ना कि जो उसके पास है उसके बारे में ,क्योंकि बचपन से ही हमारे मस्तिष्क की प्रोग्रामिंग ही ऐसी की गई है कि, वह नकारात्मक विचारों के प्रति जल्दी आकर्षित होता है और विचार हमारी सारी कठिनाइयों का कारण है।

"कृतज्ञता" (Gratitude), हमें जो भी चीज हमारे पास है, फिर चाहे हमारा जीवन रहना, हमारे माता पिता, हमारा घर, हवा, पानी, पंखा, नौकरी, बिस्तर, मोबाइल, आदि बहुत सी चीजों के प्रति हम "कृतज्ञ" हो सकते है।

इन सब चीजों के लिए जो भी हमारे पास है उसके लिए हमें ब्रह्मांड या ईश्वर कुछ भी बोलिये, को धन्यवाद देना चाहिये। यही कहलाता है कृतज्ञता (Gratitude) ।

सुबह सबसे पहला काम आँख खुलते ही हमें जो भी हमारे पास है उन सबके लिए उसका ईश्वर या ब्रह्मांड को "धन्यवाद" बोलकर कृतज्ञता प्रकट करनी चाहिए।

वैज्ञानिक रूप से यह सत्य है कि जिस भी चीज के लिए आप कृतज्ञ होते हो। वह चीज, कई गुना बढ़कर आपके पास आती है।

"कृतज्ञता" (Gratitude) के बहुत से फायदे हैं, यह आपके जीवन में सकारात्मक बदलाव लाता है। यह हमारे मूड को भी अच्छा करता है, साथ ही तनाव को भी कम करने और डिप्रेशन को दूर भगाने में मददगार है।

"कृतज्ञता" व्यक्त करने से ना केवल हमारी हेल्थ में सुधार आता है बल्कि हमारे रिश्ते भी बेहतर होने लगते हैं एक वाक्य में कहूँ अगर तो "हम बेहतर इंसान बनने लगते हैं।"

शुरू-शुरू में जब आप कृतज्ञता यानी आभार (Thank you) व्यक्त करेंगे तो आपको थोड़ा सोचना पड़ेगा और पाँच-छः चीजें मुश्किल से याद आयेंगी परंतु जैसे-जैसे आप Gratitude का अभ्यास करते जायेंगे आपको बहुत-सी चीज याद आने लगेंगी और आपकी सूची लंबी होती चली जायेगी।

"कृतज्ञता" का मतलब आप सरल रूप में blessings से भी ले सकते हैं, यानी अपनी सारी blessings, जो भी अच्छा हुआ है जीवन में उसके लिए धन्यवाद बोलना।

"आभार", "कृतज्ञता" प्रकट करने से हम हाई वाइब्रेशन (High vibration) में रहते हैं और जीवन में अच्छी चीजों को आकर्षित करते हैं।

कई बड़े लेखकों जिनमें "रॉन्डा बर्न" भी शामिल है, उनका मानना है, इतिहास में और सभी धर्म ग्रंथो में कृतज्ञता की शक्ति और महत्त्व को बताया गया है।

जब भी "धन्यवाद" शब्द आप दिल से जीवन में मिली हर छोटी-बड़ी खुशियों के लिए बोलते हैं तब इस शब्द से एक ऊर्जा निकलती है जो सीधे ब्रह्मांड तक पहुँचती है और वही ऊर्जा लौट कर ब्रह्मांड से आपके पास आती है।

बहुत से लोग एक गलती करते हैं, कि पहले जिस चीज के लिए "कृतज्ञ" होते हैं कुछ दिन बाद उस की ही बुराई करने लगते हैं। इस तरह जानते हैं आपने क्या किया?

अपने ना तो समय दिया ना ही "कृतज्ञता" की शक्ति में, दिल से विश्वास किया। इससे कृतज्ञता का प्रवाह रुक जाता है और आपके लिए पूर्णतः कार्य नहीं करता।

"कृतज्ञता" (Gratitude) के अभ्यास से आप देखेंगे, आपका जीवन कितना खुशहाल और सुगम हो जायेगा।

मैं आपको कुछ "कृतज्ञता" (Gratitude) वाक्य बता रही हूँ ,कि इसे किस प्रकार किया जाता है।

"कृतज्ञता" (Gratitude)

1. धन्यवाद यूनिवर्स कि मैं जिंदा हूँ।
2. धन्यवाद यूनिवर्स में जो हवा ले रही रहा हूँ।
3. धन्यवाद यूनिवर्स मेरे सर पर छत है।
4. धन्यवाद यूनिवर्स मेरे पास अच्छी नौकरी है।
5. धन्यवाद यूनिवर्स में स्वस्थ हूँ।
6. धन्यवाद यूनिवर्स मेरे पास अच्छा प्यार और देखभाल करने वाला परिवार है।
7. धन्यवाद यूनिवर्स मेरे पास खाने को भोजन है।
8. धन्यवाद यूनिवर्स मेरे पास खुद की जमीन है।
9. धन्यवाद यूनिवर्स मेरे पास अच्छे मित्र हैं।
10. धन्यवाद यूनिवर्स में आकर्षक व्यक्तित्व की मालकिन मलिक।

नोट- कृतज्ञता यानी हमारे पास जो है उसके लिए धन्यवाद बोलना ,जब हम इसको व्यवहार में ले आते हैं, जिस चीज के लिए हम कृतज्ञ हैं वह तो दुगना होकर आता ही है हमारे पास, और वह भी आता है अपने आप हमारे पास जो हम पाना चाहते हैं, क्या जो नहीं है पर उसकी चाहत है हमें।

8. स्क्रिप्टिंग (Scripting)

स्क्रिप्टिंग एक "लॉ ऑफ़ अट्रैक्शन" की बहुत ही शक्तिशाली तकनीक है।

आपके मस्तिष्क में ,यह क्या है कैसे करना है और इसको करने का सही क्या है? जैसे सवाल अवश्य आ रहे होंगे?

चलिये फिर देर किस बात की मैं आपको बताती हूँ सब और आपको भी मेरी ही तरह इसको करने में बहुत मजा आने वाला है।

सबसे मेरा अनुभव बताती हूँ, मैं अपनी पहली बुक के बारे में स्क्रिप्टिंग में लिखा था, और मैंने ऐसा कुछ लिखा था।

मेरी बुक "अभिलाष एक प्रेम कथा" लोगों को बहुत पसंद आ रही है, लोग एक-एक इमोशंस को अभिलाषा को फील कर उससे कनेक्ट हो पा रहे हैं।"

जब मेरी बुक पब्लिश हो गई तो अभी तक जो मुझे मिला सब ने यही बताया एक बार पढ़ना शुरू करो तो , लगता है पढ़कर ही बुक रखें ऐसे जोड़े रखती है यह बुक, और सारे इमोशंस (Emotions) को महसूस भी किया जो लोगों का कहना था।

तो मैंने जो लिखा था वह तो हो गया स्क्रिप्टिंग में और वैसे ही हुआ जैसा चाहा था।

एक और उदाहरण देती हूँ।

मैंने सोचा था खुद की एक जमीन तो होनी ही चाहिए। पर सबसे बड़ी दिक्कत इतना सारा नगद रुपया १४ लाख मेरे पास ना था। फिर भी मैंने लिख दिया।

कि मेरे पास खुद की जमीन है और मैं इस जमीन की रजिस्ट्री भी करवा ली है।

कुछ नहीं पता था क्या होगा और कहाँ से होगा, पर यह करना था यह तो निश्चित था और अब यूनिवर्स पर विश्वास भी था कि कैसे भी होगा पर होगा।

सारे रास्ते अपने आप बनते गये, और पापा की पहचान के चलते मुझे उन्होंने कुछ कम दाम भी लगाये जिनकी जमीन थी साथ एक साल का समय भी दिया कि धीरे-धीरे पैसे देने को।

फिर क्या था किस्त और समय दोनों मिल गया और १५० गज जमीन ले ली मैंने, और आज मेरे पास खुद की अपनी जमीन है।

चलिये अब कैसे स्क्रिप्टिंग की जाती है यह बताती हूँ। सबसे पहले एक डायरी ले, जो आप पूरे १ साल चला सके और एक लाल पेन लें।

अब सर्वप्रथम ईश्वर, ब्रह्मांड जिसमें भी आपकी आस्था है उसे दिल से धन्यवाद दें और लिखे फिर आप वह लिखे जो आप चाहते हैं और ऐसे लिखे जैसे कि वह पूरा हो गया हो।

उदाहरण

डियर यूनिवर्स धन्यवाद,

मैं बहुत आभारी हूँ ,कि मेरी पुस्तक "अभिलाष एक प्रेम कथा" से लोग भावनात्मक रूप से जुड़ पाते हैं ।और मेरी पुस्तक मेरे पाठकों को प्रारंभ से अंत तक बाँधे रखती है। मेरी पुस्तक को इतना प्रेम मिलने के लिए धन्यवाद।

धन्यवाद । धन्यवाद। धन्यवाद।

इस तरह स्क्रिप्टिंग का प्रारंभ भी आभार से और अंत भी आभार से करना चाहिए । इतना ध्यान देना है ऐसे अपनी इच्छा या कल्पना को वर्तमान में लिखना है जैसे सब हो चुका हो।

बहुत से लोगों के मन में यह प्रश्न आ रहा होगा कि इसको लिखने का सही समय क्या है?

तो मैं आपको बता दूँ,इसको लिखने का कोई निश्चित समय नहीं है। जब आप अच्छा महसूस कर रहे हो तो समझे तब लिखना उत्तम है।

परंतु अगर आप किसी खास समय में लिखने में सुविधा महसूस करते हैं तो आप उसी समय का चुनाव खुद के लिए कर सकते हैं। इसका कारण यह है कि ऐसा करने से आपकी आदत में स्क्रिप्टिंग आ जायेगा और एक बार आदत होने पर आप बिना भूले, रुके आराम से बिना किसी विशेष ऊर्जा को खर्च किये इसे कर पायेगे।

एक बात का विशेष ध्यान और रखें कि इसे कोई काम समझ कर बिना भावना के बस लिखना नहीं है| आप जो लिखे उसे अपनी भावनाओं को जोड़कर महसूस करते हुए और पूरे विश्वास से लिखना है।

महसूस करके लिखना और विश्वास, स्क्रिप्टिंग में अहम रोल प्ले करते हैं । अगर मैं अपने अनुभव के आधार पर कहूँ तो जो भी आप भावना और विश्वास के साथ लिख देते हैं , कभी ना कभी वह अवश्य आकर्षित हो जाता है| क्योंकि लिखकर आप ब्रह्मांड को पुरत्ता सबूत दे देते हैं, कि यह तो आपको चाहिए ही चाहिए और फिर क्या है ब्रह्मांड अपने काम में लग जाता है ,वह सब कुछ आप तक पहुँचने में, जिसकी इच्छा आपने की थी।

स्क्रिप्टिंग का एक और मजेदार खेल - अपने और ब्रह्मांड के कार्यों का बँटवारा।

अब जिसे मैं स्क्रिप्टिंग का खेल कहती हूँ उसे विधि से आपको परिचय करवाती हूँ। इस खेल में आपको एक खाली कागज लेना है और उसके बीचों-बीच एक लाइन खींचनी है । दायी तरफ लिखना है मेरे द्वारा किये जाने वाले

कार्य और रेखा की दूसरी तरफ यानी बायी तरफ लिखना है ब्रह्मांड द्वारा किये जाने कार्य।

अब आप अपने कार्य के कॉलम में वह सब काम लिखेंगे जो आप करेंगे। और ब्रह्मांड वाले कॉलम में वह कार्य आप लिखेंगे जो आप उसे करवाना चाहते हैं। इसे आपको उदाहरण द्वारा समझाती हूँ –

मेरे द्वारा किए जाने वाले कार्य

1. मैं यूट्यूब के लिए वीडियो बनाऊँगी।
2. मैं अपनी बुक के बारे में लोगों को बताऊँगी।
3. मैं खुले मन से शादी के लिये अब लड़कों से मिलूँगी।
4. मैं देश-विदेश घूमने जाऊँगी।
5. मैं दिल लगा कर अपनी तरक्की के लिए काम करूँगी।
6. मैं जरूरतमंदों की मदद करूँगी।
7. मैं सबके साथ ईमानदारी और सहयोग के साथ रहूँगी।
8. मैं अपने स्वास्थ्य का ध्यान रखूँगी।

ब्रह्मांड द्वारा किए जाने वाले कार्य

1. आप वीडियो को सही लोगों तक पहुँचायेंगे और वीडियो वायरल करेंगे।
2. आप मेरी बुक को उसकी सही जनता तक पहुँचायेंगे और एक बेस्ट सेलर बुक बनायेंगे।
3. आप मेरे लिये अब सही जीवनसाथी का खुद चुनाव करेंगे और मेरे सामने लेकर आयेंगे।
4. आप मेरे घूमने के लिये सुविधाओं और पैसा को जुटायेंगे।

5. आप मेरे काम से मुझे महीने के १० लाख इनकम दिलायेंगे।
6. आप मुझे इस काबिल बनायेंगे कि मैं यह कर सकूँ।
7. आप मेरे जीवन को अच्छे सच्चे विश्वसनीय लोगों से पूर्ण करेंगे।

आप मुझे स्वास्थ्य और ऊर्जावान बनाये रखेंगे।

इस खेल का प्रयोग कर आप अपने जीवन के हर क्षेत्र में तरक्की कर सकते हैं।

नोट- आप चाहे अफर्मेशन (Affirmation) करें या स्क्रिप्टिंग करें, एक बात का विषय ध्यान दें। आपके विचार एकदम स्पष्ट होने चाहिये जो भी चीज आपको चाहिये उसके प्रति छोटी-से- छोटी चीज भी स्पष्ट हो उसके विषय में।

क्योंकि अगर आप बार-बार विचार बदल देते है जैसे आज लाल रंग की गाड़ी चाहिये और १० दिनों बाद आपको लाल रंग की जगह काली रंग की गाड़ी चाहिये या आज BMW चाहिए तो कल आपको मैं Mercedes इसमें आप उस वस्तु को खुद से दूर करते रहते हैं। होता ऐसा है कि आपके पहले आर्डर पर काम करने लगा ब्रह्मांड तब तक आपने अपना आर्डर बदल दिया । इससे ब्रह्मांड को भ्रम हो जाता है कि इस व्यक्ति को यह चीज चाहिये भी कि नहीं चाहिये । और इस से विलंब पर विलंब होता है और कुछ नहीं। तब हमारा खुद का विश्वास भी ब्रह्मांड और लॉ ऑफ अट्रैक्शन से भी हट जाता है।

याद रहे विश्वास आपका हटा पर ब्रह्मांड तो वाइब्रेशन पर कार्य कर ही रहा है जैसा कि वह करता है हमेशा से पर अब आपके लिये नकारात्मक के साथ कार्य कर रहा है और आपने सोच लिया कि मेरे लिये तो यह कार्य नहीं करता तो आप वह आपकी इच्छा को पूर्ण करने पर कार्य नहीं कर रहा।

यानी कार्य करते हुये भी आपकी इच्छा पूरी नहीं कर रहा।

9. ध्यान (Meditation)

"ध्यान" ज्ञान की शक्ति से अभी भी बहुत से लोग अनभिज्ञ है ,परंतु आज जो कुछ मैं स्वयं के अनुभव और करीब से जान कर इस अध्याय में आपसे साझा करूँगी, आप खुद "ध्यान" की शक्ति देख आश्चर्यचकित रह जायेंगे।

अगर मैं कहूँ "ध्यान" हमारी परेशानियों को कम कर, समाधान भी उपलब्ध करवाता है। तब क्या आप मानेंगे मेरी बात?

चलिये "ध्यान" के विषय जाने अब –

अगर मैं खुद की बात करूँ तो, जब से मैंने ध्यान के विषय जाना ,मेरी बहुत-सी समस्याओं में मुझे रास्ते मिलते गये।

"ध्यान" रोजाना करने से जीवन की सारे परेशानियाँ धीरे-धीरे कम होने लगती है और हमें स्वतः अपनी समस्याओं का समाधान मिलने लगता है।

"ध्यान" पूरे दिन में मात्र १० से १५ मिनट लगाना पर्याप्त होता है।

जब मैं "ध्यान" के बारे में जानना चाहा तो ब्रह्मांड ने खुद जैसे जिम्मेदारी ले ली, मुझे "ध्यान" के महत्त्व एवं "ध्यान" कैसे करना है के विषय में बताना की।

मैंने सर्वप्रथम ऑनलाइन कोर्स "ध्यान" का श्रेयश डागा फाउंडेशन का किया। यह कोर्स मुझे ब्रह्मांड ने मुफ्त में दिलाया था। यही था मेरा मेनिफेस्टेशन, पहली बार यह फाउंडेशन फ्री में यह प्रोग्राम हिन्दी में ले कर आ रहा था ,और अब कुछ सीमित सीट ही बची थी।

२१ दिन के इस कोर्स में जब पहले दिन ही मैंने श्रेयश सर की कहानी सुनी कि कैसे और किन परिस्थितियों में उनका परिचय "ध्यान" से हुआ और कैसे ध्यान के माध्यम से उन्होंने खुद को बीमारी से मुक्त किया ।साथ ही कैसे जीवन के हर क्षेत्र में प्रगति की।

तब मुझे पहली बार आश्चर्य भी हुआ और विश्वास भी की ध्यान में अनंत शक्ति है।

इसके पश्चात मैंने "ध्यान"के विषय में और जानकारी प्राप्त की इससे ध्यान पर मेरा विश्वास और भी पुरत्ता हो गया।

'मेडिटेशन' से हम अपने अंदर छुपे हुये ज्ञान को प्राप्त कर सकते हैं। यह हमारे मन को शांत और मस्तिष्क को शक्तिशाली बनाने का महत्त्वपूर्ण काम करता है।

'मेडिटेशन' से हमारे 'मस्तिष्क' पर हमारा पूरा नियंत्रण स्थापित हो जाता है, जब हम निरंतर इसका अभ्यास करते रहते हैं और हमारा मस्तिष्क के लिए हमारे शरीर को नियंत्रित करता है | जिसका परिणाम होता है हम मेडिटेशन (ध्यान) के द्वारा बड़ी से बड़ी बीमारियों से मुक्ति पा जाते हैं। जैसे - तनाव, डिप्रेशन, दिल की बीमारी ,अस्थमा, ब्लड प्रेशर, नींद ना आने की समस्या आदि।

दोस्तों। जब मैंने 'मेडिटेशन' यानी 'ध्यान' के विषय में जानना शुरू किया था तब मुझे ज्ञात हुआ कि मेडिटेशन भी कई प्रकार के होते हैं जैसे –

Breathless Meditation, Sleeping Meditation, Walking Meditation etc.

यहाँ मैं आपको Breathless Meditation के बारे में जरूर बताऊँगी क्योंकि यह एक Powerful शक्तिशाली Meditation है और मुझे तो इसके बारे में ः

जानकर अलग ही अनुभूति हुई , एकदम अविश्वनीय था यह जानना मेरे लिये चलिये आपको भी बताती हूँ इस Breathless Meditation के बारे में।

यह एक ऐसा मेडिटेशन है जिस से आप पुरानी कुंठा या पुराना कुछ भी भाव जो अनजाने ही विचारों और दिल में समा गया हो और आपको पता भी ना चला यह आपके जीवन में नकारात्मक प्रभाव डालने लगा हो, जो आप खुद भी ना समझ पा रहे हो ,उस से भी आपको मुक्ति दिला आपको मानसिक रूप हो से बहुत रिलैक्स करता है।

दूसरा फायदा Breathless Meditation का यह है कि इससे पुरानी से पुरानी बीमारियों को ठीक किया जा सकता है। परंतु जितना यह लाभदायक है, उतना थोड़ा-सा सामान्य मेडिटेशन से कठिन भी , क्योंकि यह लगातार जैसा इसका नाम है Breathless |

बिना सांसों को विराम दिए ३० मिनट तो करना ही होता है, सांसों के उतार चढ़ाव के साथ।

अगर समय की बात करूँ तो आप सुबह या शाम कभी भी मेडिटेशन कर सकते हैं पूरे दिन में १५ से २० मिनट काफी होता है मेडिटेशन करना, अब बहुत से लोगों का सवाल होगा ,सही तरीका क्या है ध्यान करने का?

चलिये इसे भी जानते हैं, एकांत स्थल पर बैठ जाये, जहाँ कोई आपको डिस्टर्ब ना करे, फिर आँखें बंद करें, शरीर को ढीला छोड़ दें, मांसपेशियों को ढीला व तनाव रहित अवस्था में लें आयें, अब बस अपनी साँसों पर ध्यान दें ,अंदर आती और बाहर जाती प्राण वाहिनी यानी सांसों पर ध्यान केंद्रित करें । आसपास जो हो रहा है उसे महसूस करें और होने दें , मस्तिष्क में जो भी विचार आ रहे हैं जबरदस्ती करके रोके नहीं उसे बस साँसों के उतार-चढ़ाव पर ध्यान दें। साँस को जब छोड़े तब सोचे सारे विषैला तत्व एवं नकारात्मक उर्जा शरीर

से बाहर निकल रही है इसी तरह साँस लेते समय सोचे शुद्ध सकारात्मक, सजृनात्मक ऊर्जा आपके अंदर प्रवेश कर रही है।

१५ - २० मिनट ध्यान की यह प्रक्रिया दोहराने के उपरांत एकदम धीरे से अपनी आँखें खोलें ं और दोनों हाथों कि हथेलियाँ आपस में रगड़कर आँखों के ऊपर लगा ले।

शुरुआत में 'ध्यान'मुद्रा में बैठने पर आप हो सकता है १० मिनट भी ना बैठ सकें , मन भटके आपका परंतु हमेशा इस बात को ध्यान में रखें कि यह सामान्य है सबके साथ होता है प्रारंभ में ऐसा ,परंतु रोज अभ्यास करने पर आपका मन एकाग्र होता जायेगा और कब १५ मिनट ३० मिनट के 'ध्यान' पर पहुँच जायेगा आप जान भी ना पायेंगे।

अब जो बात मैं आपको बताने वाली हूँ पर 'ध्यान' या 'ध्यान' मेडिटेशन' का 'मूल मंत्र' या महत्त्वपूर्ण सफलता मंत्र है ऐसा भी बोला जा सकता है—

यह बात कर रही हूँ मैं गोल्डन टाइम की- आइये जानते हैं, 'ध्यान' या 'मेडिटेशन' और अफर्मेशन (Affirmation) के लिए सबसे उपयुक्त समय होता प्रातः चार से ५: ०० बजे के मध्य का, इस समय 'मेडिटेशन' और 'अफर्मेशन' (Affirmation) से ऊर्जा निकलती है, वह सीधे ब्रह्मांड तक बहुत जल्दी पहुँच जाती है। इसलिए इसे 'ब्रह्म मुहूर्त 'या 'गोल्डन टाइम' भी कहा जाता है।

नोट - 'ध्यान' आपके विचारों में इस स्थिरता लाता है ,आपका फोकस बढ़ता है और ध्यान के माध्यम से जब हम ब्रह्मांड से जुड़ने लगते हैं तब आपकी हर समस्या का समाधान आपको खुद -ब- खुद मिलना शुरू हो जाता है।

"No Meditation, No Life

Know Meditation , Know Life"

10. विज़ुअलाइजेशन तकनीक (Visualization Technique)

'विज़ुअलाइजेशन' यानी 'कल्पना' करना, क्या आप जानते हैं? यह एक असरदार तरीका है जिसके माध्यम से हम अपना जीवन सकारात्मक रूप से बदल सकते हैं?

इस अध्याय में मैं आपको बताऊँगी 'विज़ुअलाइजेशन' हमें कब और कैसे करना है।

हम सब के जीवन में बहुत से छोटे-बड़े सपने होते हैं। 'विज़ुअलाइजेशन' एक ऐसी तकनीक है जो आपको अपने सपने को हकीकत बनाने में मदद करती है।

इस विज़ुलाइजेशन तकनीक में, जैसे नाम से ही जाहिर हो रहा कि हमें अपने सपने, अपनी इच्छा कि कल्पना करनी है।आप इसे ऐसा समझे कि यह आपके जीवन की फिल्म है जिसके नायक आप स्वयं ही हैं और इस फिल्म के निर्देशक भी आप स्वयं ही है।

आप मेंरी बात को उदाहरण की मदद से अच्छे से समझ पायेंगे –

मान लीजिये आप अपने लिए अपने सपनों का घर लेना चाहते है। तब शांति से 'ध्यान' की मुद्रा से बैठ कर बस कल्पना करिये कि आप का घर कैसी सोसाइटी में, कौन से शहर में है। आपको घर के मुख्य द्वार से लेकर अन्दर तक कितने कमरे है, वह कैसे है, और कमरों कि साज सज्जा कैसी करी हुये है आपने यह सब कि भी कल्पना करनी है।

इस प्रकार पूरा एक दृश्य तैयार कर लेना है अपने मस्तिष्क में ,जैसे कोई चलचित्र हो और आप उसमें मुख्य किरदार हो।

अब आप सोचेंगे कि “विजुलाइजेशन” में कैसे सपने पूरे होते है, तो इसका उत्तर भी मैं आगे दे रही हूँ।

जैसे मैंने आपको शुरुआत में ही बताया था कि हमारा मस्तिष्क दो भागो में विभाजित है- चेतन (Conscious) और अवचेतन (Subconscious) मस्तिष्क।

'चेतन' मस्तिष्क की बात करूँ तो यह भाग मस्तिष्क का सोचने समझने ,सही - गलत सोचने , यानी तर्को पर विचार करता है यानी यह बहुत तार्किक है।

जानते है। विज्ञान क्या कहता है?

विज्ञान कहता है हमारे जीवन में इसकी भूमिका मात्र १०% (प्रतिशत) ही होती है।

अगर अब अवचेतन मस्तिष्क की बात करूँ तो यह बिल्कुल नहीं जानता - समझता कि सही क्या है, गलत क्या है, सच क्या है ,झूठ क्या है।

यह कुछ नहीं जानता, परंतु जो विचार एक बार हमारे अवचेतन मस्तिष्क में चला जाता है। वह हमारे जीवन की सच्चाई बन जाता है और स्वतः ही उस कार्य को करने की प्रेरणा तथा रास्ते हमारे सामने उपलब्ध होने लगते है। इस तरह विज्ञान के अनुसार हमारे जीवन में अवचेतन मस्तिष्क कि भूमिका ९०% है ।हमारा जीवन कैसा होगा इसी पर निर्भर करता है।

हमारा यह अवचेतन मस्तिष्क कब अच्छे से कम करता है, अब मैं आपको यह बताती हूँ, ताकि उस समय आप विजुलाइजेशन तकनीक का प्रयोग कर सर्वश्रेष्ठ परिणाम ले सके —

जब हम बहुत ज्यादा खुश होते है तब एकदम सही समय होता है- "manifestation" और "विज़ुलाइजेशन" के लिये इस समय आसानी और जल्दी से सोचे गये विचार हमारे अवचेतन मस्तिष्क तक पहुँच जाते हैं।

दूसरा सही समय है, रात को सोते समय और वह भी तब जब आप अवचेतन अवस्था में होते है यानी कि बस निद्रा में जाने ही वाले होते है। उस समय हमारा अवचेतन मस्तिष्क सबसे ज्यादा एक्टिव अवस्था में होता है यानी अर्धसुप्त अवस्था में जो विचार हमारे द्वारा सोचे जाते है, वह हमारे मस्तिष्क के 'अल्फा' स्टेज में होने कारण सीधे हमारे अवचेतन मस्तिष्क में चले जाते है और हमारे जीवन कि हकीकत बन जाते हैं।

'विज़ुअलाइजेशन' के लिए प्रातः काल अमृत बेला यानी ४:०० से ५:०० बजे का समय भी उपयुक्त होता है। इसी समय मेंडिटेशन के साथ 'विज़ुअलाइजेशन' तकनीक का उपयोग कर सर्वश्रेष्ठ परिणाम पाये जा सकते है।

11. खुश रहना और खुद से प्यार करना (Be Happy & Self love)

अभी तक हमने बहुत-सी तकनीकों पर बात की जिससे सपनो को पंख दिये जा सके और हकीकत में बदला जा सके। परंतु अब मैं जीवन के एक ऐसे मूलमंत्र की बात कर रही हूँ जिसे यह तकनीके तो और ज्यादा असरदार हो ही जायेंगी बल्कि जीवन में सकारात्मकता भी बढ़ेगी।

मैं यहाँ बात कर रही हूँ "खुश रहने की" और "खुद से प्यार करने की"। क्योकि इन दोनों के बिना परिवर्तन लाना जीवन में यानी सकारात्मक परिवर्तन लाना असम्भव है।

क्या आप भी उन लोगों में से हैं जो खुश होने के लिए बड़े-बड़े कारणों की तलाश करते हैं और जब वह पल सामने आ भी जाता है उस दिन आप उस खुशी का पूरा आनन्द भी नहीं ले पाते।

बहुत से लोग आप की तरह ही बड़ा कारण तलाशते हैं खुशी का, जबकि हमें रोज खुश रहना चाहिये, हमें छोटी-छोटी चीजों में खुश रहना आना चाहिये छोटी-छोटी चीजो में, छोटे-छोटे रोज के पलों में खुशी ढूँढनी चाहिये। खुश रहना जानते हैं एक आदत होती है और हमको इस आदत को प्रयास द्वारा खुद ही बनाना होता है।

"खुशी" जिसको हम दूसरो में, या बाहर खोजते है, उसे खुद के अन्दर ही खोजना होगा।

शायद जो अब मैं बोलू आपको विश्वास ना हो मेरी बात पर, फिर भी मैं आप से यही कहूँगी इसे २१ दिन करके देखियेगा तब शायद आप विश्वास कर सकें।

“जानते है खुश रहने से क्या होता है ?--- खुश रहने से ना केवल आपका सारा दिन अच्छा जाता है बल्कि आप जब खुश होते है और तब मैनिफेस्ट करते है तो, वह चीज बहुत ही जल्दी Manifest हो जाती है यानी खुश रहकर ही सपनों की मंजिल पाई जा सकती है।“

जब आप अब यह जान ही गये है तो जैसा मैंने कहा २१ दिन खुश रह कर देखिये।

यही महत्त्व self love का भी है।

Self Love (खुद से प्यार) के बारे में Abraham Hicks कहती है, इस दुनिया में अगर कोई महत्त्वपूर्ण है तो वह है आप खुद। इस लिए खुद से प्यार करना चाहिये जीवन के पलों का आनन्द लेना चाहिये । खुद को खुश रखने के लिये अपनी पसन्द की हर वह चीज करे, जो आपको खुशी दे।

Self love का सही मायने में अर्थ होता है "अंदर से अच्छा महसूस करना।"

आप self Love में हैं कि नहीं ।

इसे जानने का माध्यम है अपनी वाइब्रेशन पर ध्यान दे कि वह सकारात्मक है या नकारात्मक अगर सकारात्मक वाइब्रेशन में आप है तो इसका मतलब आप self-love की Frequency में है और आगे भी जीवन में सब अच्छा आकर्षित करेगे।

अब इसका यह मतलब नहीं है कि कभी नकारात्मक विचार आयेंगे ही नहीं, वह आयेंगे परन्तु तभी उस विचार को हटा कर आपको कोई ऐसा विचार सोचना है जो आपको खुशी दे। यह करना हमारे खुशहाल जीवन के लिये अति आवश्यक है क्योंकि क्या आप जानतें कोई भी विचार जिसे हम १६ sec (सेकण्ड) तक लगातार सोचते है वह ६८ सेकण्ड के अन्दर मोमनटम (गति) में बदल कर मेनिफेस्ट (Manifest) हों जाती है।

इसलिए नकारात्मक विचार को १६ सेकण्ड सें पहले तोडना और उसकी जगह कुछ अच्छा-सा सोचना जरूरी है।

इसलिये हमें अपने विचारों की पहरेदारी भी करनी होगी। इसके लिये प्रारम्भ में हमें हर घंटे पर अपने विचारों पर ध्यान देना होगा कि हम सोच क्या रहे हैं और सकारात्मक है या नकारात्मक।

इसी तरह १६ सेकण्ड तक कुछ अच्छा अपनी पसंद का विचार करके उसे हम Manifest कर सकते है। यानी १६ सेकण्ड के बाद वह विचार ६८ सैकण्ड में गति (Momentum) में बदल कर Manifest हो जाता है। परन्तु यह भी तभी होगा जब आप खुश रहेंगे और self love की frequency में होंगे।

नोट – Self love का मतलब यह नहीं है कि हम खुद को ही महत्त्व देते रहे, किसी को कुछ भी ना समझे और खुद को महान समझने वाली frequency में रहे। self-love का सही अर्थ है- हम अपने अंदर खुशी को महसूस करे।

- दोस्तो ! देखा अपने हमारे विचार हमारे जीवन में और भविष्य के निर्माण में कितना महत्त्व रखते हैं।
- मनुष्य देखा जाये तो विचारो और फीलिंग्स से ही बना है। अपने फीलिंग्स और विचारो पर ध्यान देकर हम अपना जीवन बदल सकते हैं।
- हमें कोशिश करनी चाहिए कि हम नकारात्मक विचार वालो से दूर रहें, और अगर कुछ नकारात्मक कोई बोले तो कोशिश करें उस पर ज्यादा ध्यान ना दें, ताकि आप सकारात्मक frequency वाइब्रेशन में रह सके।

12. Cancel - Cancel OR Cut - Cut

इस अध्याय तक पहुँचते-पहुँचते हम ब्रह्मांड और मेंनिफेस्ट , भावनायें, वाइब्रेशन, खुश रहना सेल्फ लव जैसी बहुत-सी बाते जान चुके हैं और हमारे जीवन में इनका क्या महत्त्व है यह भी जान चुके हैं।अब हम इस पुस्तक कि समाप्ति तक यानी आखिरी के अध्याय तक पहुँच चुके है। तब मुझे आपसे यह विशेष तकनीकी साझा करने का सही समय लग रहा है, जिसका नाम है – "cancel-cancel" or "cut-cut"

यह तकनीकी मैंने अपने गुरु मिथेश खतरी से उनके DMP sessions में सीखी और अब "cancel-cancel" को मैंने अपने दैनिक जीवन का हिस्सा बना लिया है।

आइए जानते है। सबसे पहले तो, क्या कभी अपने खुद के लिए इन शब्दों का प्रयोग किया है जैसे-

1. मेंरी तो किस्मत ही खराब है।
2. मेंरा कोई भी काम आसानी से नहीं होता।
3. मेंरा साथ कोई नहीं देता।
4. मेंरा साथ ही हर बार गलत क्यों होता है।
5. मुझे कार चलाने से डर लगता है कि कहीं एक्सीडेंट न हो जाये।

इसी तरह के ढेरो नकारात्मक विचार आप अपने मस्तिष्क में लाते होंगे और बार- बार जाने अनजाने बोलते भी होंगे।

अपने लिये भी और दूसरों के लिए भी अगर ऐसा करते है आप तो अब से सावधान हो जायें , और ना अपने लिए ही, बल्कि दूसरों के लिए भी कुछ ऐसा मुंह से आपके निकल जाये तो, जिसे आप बोलना नहीं चाहते थे तब तुरंत Cancel-Cancel विधि का प्रयोग कर डालें।

Cancel-Cancel विधि बहुत ही सरल है । जब भी जो आप नहीं चाहते ऐसा कुछ नकारात्मक वाक्य मुँह से निकले या मस्तिष्क में आये तो आपको धीरे से दो बार बोलना है "Cancel-Cancel" या "cut-cut" ऐसा करने से उस वाक्य या विचार का प्रभाव समाप्त हो जाता है वह Manifest नहीं होता।

नोट -"जो भी विचार जिसे हम अपने जीवन की हकीकत नहीं बनाना चाहते, उसे हम Cancel-Cancel या-Cut cut दो सरल शब्दों का मात्र प्रयोग कर बच सकते हैं।"

13. दर्पण विधि (Mirror Technique)

दर्पण विधि (Mirror Technique) यह एक मजेदार विधि है। इसमें हमें दर्पण में खुद को देख कर अपने लिये अच्छा-अच्छा बोलना होता है।

अगर मैं आपसे कहूँ कि जो आप बनना चाहते है, जैसा भी सुधार जीवन में करना चाहते हैं , अगर आप शीशे में देख कर बोल दें तो, वह सच हो जायेगा।

आप में से कुछ लोग इसे पागलों वाली बात समझेंगे? कि ऐसा कैसे हो सकता है?

चलिये अब मैं इसके पीछे का वैज्ञानिक कारण बताती हूँ आपको, आप शायद जानते न हो की शीशे में बहुत अधिक आकर्षण की ऊर्जा होती है। इसलिए जो भी हम उसके सामने खड़े होकर खुद को देख कर, अपनी आंखो को देखकर बोलते है, वह हमारे पास दुगनी 'गति' से आता है।

यह बात जानकर अब शायद आपको मजा आ गया होगा।

तो अब से रोज सुबह और शाम शीशे के सामने खड़े होकर बड़े प्यार से और खुशी से अपने लिए कुछ अच्छी बाते बोलना शुरू करे।

जैसे -

1. I am confident.
2. I am energetic.
3. I am not stoppable.
4. I am happy.
5. I am successful.

6. I am beautiful.
7. I am fit and healthy.
8. I am satisfied.

तीव्र परिणाम चाहिये दर्पण विधि का तो इसे अपने नाम के साथ जोड़ कर बोले। यहाँ मैं कोट करना चाहूँगी मेरे गुरु “मिथेस खतरी" द्वारा, इस विधि में नाम का प्रयोग करना मैंने सीखा है |

जैसे -

1. Ranjana I love you.
2. Ranjana you are confident.
3. Ranjana you are successful in every area of lite.

नाम के साथ बोलने से उस वाक्य कि ऊर्जा और ज्यादा बढ़ जाती है।

Mirror technique का प्रयोग जीवन के किसी भी क्षेत्र को सुधारने के लिए किया जा सकता है चाहे वह जॉब हो, चाहे स्वास्थ, पैसा , अपने सपने हो, कोई भी जीवन का क्षेत्र हो सकता है।

अब मैं यहा आप से छोटा-सा अपना अनुभव साझा करती हूँ। मैंने अपनी आंखो के साथ दर्पण विधि प्रयोग किया तब मैं सच में नहीं विश्वास कर पा रही थी कि, यह संभव होगा असल में आँखो के आगे के कोने पर एक दाना हुआ था, जो बहुत कठोर था और बिना डॉक्टर को दिखाये शायद ही ठीक होता, यह समझ आ रहा था मुझे।

मेंरा बिल्कुल मन नहीं था डॉक्टर के पास जाने का, फिर मैंने सोचा क्यों ना मैं दर्पण विधि का प्रयोग करके देखू मैंने बिना कुछ सोचे बस इसे करना शुरू कर किया।

"मैं दर्पण देख कर बोलती यह दाना मेंरी आँख से गायब हो गया है"।

ऐसा मैं दिन में जब भी दाने की याद आती, कर लेती।

अचानक एक दिन मेंरा हाथ उस छोटे से दाने पर गया, जिसको मैं पहले भी कई बार निकालने की कोशिश, दर्पण विधि के प्रयोग से पहले भी कर चुकी थी तब यह नहीं निकला बड़ी कोशिशों के बाद भी परंतु आज मैं अनजाने में ही हल्का-सा दबाया तो उसमें से पत्थर जैसा कुछ निकला और इसी के साथ दाना भी गायब हो गया।

मैं तो आश्चर्यचकित रह गई क्योंकि इसको लेकर मैं एक साल से परेशान थी।

'शीशा' आपकी ऊर्जा को Reflect करता है । इसलिये इसका Mirror Technique के रूप में प्रयोग कर अपने में सकारात्मक परिवर्तन लाये जा सकते है।

Mirror Technique का प्रयोग Mirror Affirmation के रूप में भी किया जा सकता है। यानी Mirror के सामने Affirmation बोले।

Mirror Technique के समय जो भी Manifest करना हो आवाज के साथ बोल-बोल करना चाहिये।

बोल कर affirmation करने का कारण यह है कि इससे विचारो में आपके भटकाव नहीं आता और अपने विचारों पर ही concentrate रहते है।

अगर आप अकेले नहीं है और बोलकर Manifestation नहीं कर सकते तब आप Mirror के सामने इतना धीरे से बोले कि आप की आवाज सिर्फ आपको ही सुनाई दे ना कि, किसी और को सुनाई दे।

14. (HO'OPONOPONO PRAYER
(हो पोनो पोनो जादुई प्रार्थना)

सबसे पहले मैं अपने पाठकों को इस जादुई प्रार्थना का इतिहास या कहें कि उत्पत्ति कहा से हुई, इसके विषय में बताती हूँ।

यह एक हवाईन प्रार्थना है जिसको Dr. Hew Len ने बनाया है इस प्रार्थना के शब्द है -

"I am sorry"

"Please forgive me"

"Thank you"

"I love you"

यह चार लाइन की प्रार्थना जिसे जादुई प्रार्थना कहा जाता है, उन्होंने अपने अस्पताल जिसका नाम 'हवाई' था के अपने मरीजों के लिए बनायी थी क्योंकि अस्पताल में एक तो जगह का अभाव हो गया था उस पर रोज लगातार मानसिक रोगियों की संख्या बढ़ रही थी। दूसरा यह रोगी आक्रमक प्रकति के भी होना शुरू हो गये थे।

तब Dr. Hew Len ने दूर से ही अपने रोगियों के लिए ब्रह्मांड से ये प्रार्थना करना शुरू कर दिया और फिर चमत्कार हो गया, ना केवल सारे रोगी ठीक हो कर अपने घर चले गए इस मानसिक रोगियों के अस्त्पताल को भी एक भी रोगी ना होने के कारण बंद कर दिया गया।

तो यह था इस "हो-पोनो-पोनो" जादुई प्रार्थना का असर।

यह प्रार्थना हमारे अंदर जो भी नकारात्मकता है, जो किसी भी कारण के फलस्वरूप प्रवेश कर गयी है, इस नकारात्मक को मात्र यह चार लाइन की प्रार्थना बोलकर दूर किया जा सकता है। रोज इस प्रार्थना को करने से हम अपनी आत्मा(soul) को heal कर सकते है। अपनी किसी भी परेशानी में ठीक तरह से इसका प्रयोग उसे दूर कर सकते है।

यह प्रार्थना का १०८ बार Repetition करना चाहिए। यह बहुत लाभप्रद होता है। अगर आप १०८ बार नहीं कर सकते Repetition तो अपनी सुविधा अनुसार ११ बार २१ बार ५१ बार भी कर सकते हैं।

एक तरह से बोलू तो यह प्रार्थना शरीर की साफ - सफाई का काम करती है।

जिस प्रकार हम झाड़ू - पोछा लगाकर , जाले हटाकर, अपने घर को साफ सफाई करते हैं। उसी प्रकार हमें अपनी रोज नकारात्मकता से शरीर को भी मुक्त करने और शरीर को अंदर से साफ करने के लिए रोज इस प्रार्थना का इस्तेमाल करना चाहिये।

यह प्रार्थना प्रारम्भ करने से पहले खुद के लिए किसी एकांत जगह की तलाश कर लें। आराम से बैठ जायें और अपना हाथ अपने हृदय पर रखे तथा आँखों को धीरे से बंद कर लें। अब फीलिंगस (Feelings) के साथ इस प्रार्थना के शब्दों को बोलें तथा अपना मुख ब्रह्मांड की तरफ करते हुये बोलें।

यह प्रार्थना आप रिश्ते में सुधार के लिये, पैसों के लिए, स्वास्थ्य के लिए, पढाई, नौकरी आदि किसी भी चीज के लिए कर सकते हैं।

15. क्यों कुछ लोगों के लिए में मनिफेस्टेशन (Manifestation) काम नहीं करता

सब कुछ करने के बाद भी कुछ लोगों को मैंने कहते सुना है कि यह Menifestion मेरे लिए काम नहीं करता ।अगर आप ऐसी सोच रखते है, ऐसा ही हमेंशा बोलते रहते है, तो वही Manifest किया ना आपनें और कोई भी तकनीक आपके लिए काम नहीं करेगी।

मैने पहले भी कहा है ब्रह्माण्ड सही क्या है? गलत क्या है? यह वह नहीं जानता। वह तो बस आपको वही देता है जो आप उससे चाहते हैं।

अगर आप Manifestation को जानते हैं और ब्रह्मांड में विश्वास करते हैं तब भी आप अपने सपनों से दूर हैं अभी तक तो कही ना कही कुछ तो गलती आप कर रहे होंगे।

मै नीचे कुछ ऐसी गलतियाँ बता रही हूँ जो साधारणतः अधिकांश लोग करते हैं चलो देखते है क्या हैं वह-

1. आप सुबह Affirmation अफर्मेशन भी करते हैं और Gratitude भी करते परन्तु उसके बाद आप पूरा दिन नकारात्मक बातें ही सोचते रहते हैं।
2. आप खुद पर विश्वास रख कर इस तकनीक का प्रयोग नहीं करते बल्कि समाज के बनाये हुए कुछ सिद्धांतो को ही आप सही मानते जाते हैं।

3. आप खुद को दूसरों की राय से अगर मुक्त नहीं रख पाते तब भी यह आपके लिये काम नहीं करेगा । कारण, आप उनकी राय से प्रभावित हो बहुत जल्दी नकारात्मक हो जाते है।

4. अगर आप 'आकर्षण के सिद्धान्त' का पालन करते समय जो Affirm आप करना चाहते है उसे महसूस (feel) करके नहीं बोलते, और आप पूरा low frequency में रहते है , खुश नहीं रहते है ,तब भी यह आपके लिए काम नहीं करता।

5. अगर आप ब्रह्मांड पर विश्वास नहीं करते और खुद को उस ब्रह्मांड का हिस्सा नहीं मानते तब भी यह कार्य नहीं करेगा।

6. अगर आप की सोच ,भावना और उस से सम्बंधित कार्य में कोई Alignment यानी जुड़ाव नहीं है ।तब भी आकर्षण नियम आप के लिये कार्य नहीं करेंगे।

7. अगर आप अपने सपनों को पूरा करने के लिये Inspired action नहीं लेते तब भी यह आकर्षण के सिद्धांत आपके लिये कार्य नहीं करेंगे।

8. अगर आप अपने सपनो को घबराहट, डर, देरी ,अविश्वास जैसी भावनाओं से जोड़कर देखते हैं तब भी आपके Manifestation में देर पर देर होती चली जाती है।

9. अगर आप अपने सपनों को लेकर या उसके बारे में सोच कर खुश नहीं हो सकते, ना ही उत्तेजित महसूस करते है, सपनो को सोच कर अपने, तब भी यह आपके लिए कार्य नहीं करेगा।

10. मैने 'राम' सर से यह सुना था और समझा कि – "Your personality creates your person Reality.

चलिये यह बात मैं आपसे भी साझा करती हूँ

'Personality' का मतलब है यहाँ–

- आप आप कैसे सोचते हैं।
- आप कैसे feel करते हैं।
- कैसा काम करते है यानी किस तरह से सोचते हैं।

अगर आप 'सकारात्मक' नहीं सोचते और अच्छा feel नहीं करते तथा आप अपने में निखार लाने या सपनों को पूरा करने के लिये कुछ नहीं करते, कोई कदम नहीं उठाते तब भी यह सब आप के लिये काम नहीं करेगा।

नोट - अपनी personality (व्यक्तित्व) को वैसा बनाओ जैसा जीवन आप चाहते हो। सच्चे बनें, ईमानदार बनें, अपने के लिए अच्छा सोचें, मदद करें, खुद से प्यार करें, खुश रहें, अपने सपनो को लेकर उत्साहित रहें, सपनो को पूरा करने के लिए कदम आगे बढ़ायें, ब्रह्मांड पर विश्वास करें, खुद पर विश्वास करें, न कि दुनिया समाज की राय पर।

इतना करने से आप अपने अंदर सकारात्मक परिवर्तन को महसूस करेंगे ही साथ आपके सामने आपका उज्ज्वल भविष्य होगा।

16. लेखिका के विषय में

"रंजना राहजाहा" पेशे से एक शिक्षिका हैं एवम भारत के उत्तर प्रदेश के शहर कानपुर की रहने वाली है।

उनका बचपन भारत के कई राज्यों में बीता जहाँ से उनकी स्कूली शिक्षा पूर्ण हुई। उच्च शिक्षा उन्होंने उत्तर प्रदेश से पूर्ण की।

"रंजना राहजाहा" जी की यह दूसरी पुस्तक है पहली पुस्तक २०२३ में उनकी जो प्रकाशित हुई उसका नाम - 'अभिलाषा एक प्रेम कथा है' जो Amazon और Flipkart पर उपलब्ध है। तथा जिसे पाठको का बहुत प्रेम प्राप्त हुआ है।

"रंजना राहजाहा" ने जिन चीजों से अपना जीवन संवारा और जो कुछ भी उन्होंने पढ़ा, सीखा, वह सब कुछ वह इस पुस्तक के माध्यम से अपने पाठको तक पहुँचाना चाहती हैं। ताकि लोग इस पुस्तक को पढ़ अपना जीवन संवार सके। उनके जीवन से परेशानियाँ दूर हो सके तथा वह अपने सपनो को मूर्त रूप दे सके।

अंत में बस अपने पाठको से यही कहना चाहूँगी आप पूरे विश्वास से पुस्तक में बतायी चीजों को , तकनीकों को करे, अपने जीवन का हिस्सा बनाये। आप देखेंगे जीवन में आपके अवश्य ही चमत्कारिक परिवर्तन होंगे।

मेरे पाठको का बहुत आभार इस पुस्तक को पढ़ने के लिये। मेंरी शुभकामनाएँ हैं कि इस पुस्तक को पढ़ के आपके जीवन में सकारात्मक बदलाव आये और आपका जीवन खुशियों से भर जाये।

आभार! आभार! आभार!

www.ingramcontent.com/pod-product-compliance
Lightning Source LLC
LaVergne TN
LVHW061602070526
838199LV00077B/7139
9789358199598